기후 위기 CC스토어

> 작가의 말

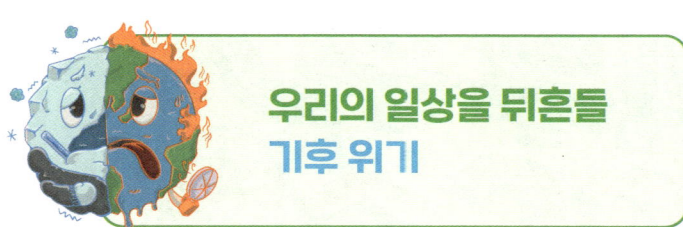

우리의 일상을 뒤흔들 기후 위기

코로나 바이러스가 우리를 집 안에 가둬 놓았던 시절, 식료품을 살 일이 있으면 온라인으로 장을 보곤 했는데요. 어느 날, 마침 제철이었던 딸기를 사려다가 깜짝 놀랐어요. 대강 생각했던 가격대보다 두 배가 넘게 비쌌기 때문이에요.

'도대체 딸기에 무슨 일이 생긴 거지?'

딸기 가격이 왜 이렇게 많이 올랐을까 궁금해서 뉴

스를 찾아봤어요. 지난가을에 며칠씩 계속되던 이상 고온 현상과 빠른 한파 때문이라는 분석이 있었어요. 마치 여름이 끝나지 않은 것같이 더웠던 지난가을 날씨가 그제야 생각났어요.

몇 달 뒤, 패스트푸드점에서 햄버거 세트를 주문했는데 감자튀김이 품절이라는 안내를 받았어요. 햄버거와 감자튀김은 환상의 조합이잖아요. 그런데 같이 먹을 수 없다니 너무 충격적이었지요.

"왜 품절인데요? 언제 들어오는데요?"

점원은 고개를 저으며 말했어요.

"감자 농사가 흉년이래요. 당분간은 입고가 어려워요."

그 말을 듣고 검색해 봤더니, 감자가 잘 자라지 않은 이유 역시 기후 위기 때문이었어요.

'언제나 평범하게 먹던 것들이 사라질 정도로 기후 위기가 우리 앞에 다가와 있구나.'

새삼 깨닫게 되었지요.

이런 일들이 그 당시의 에피소드로 끝났다면, 이 책은 나오지 않았을 거예요. 불과 몇 년 사이에 기후 위기로 인한 변화는 점점 더 빨라지고, 이제는 우리의 생활 깊숙이까지 영향을 미치고 있어요.

국민 과일인 사과는 너무 비싸져서 '금 사과'라는 별명을 얻었고, 장바구니 물가가 오르며 '기후 인플레이션'이라는 신조어까지 생겨났어요.

이런 속도대로 30년 정도의 세월이 흐른다면 어떨까요? 우리의 일상을 풍요롭게 하는 많은 것이 달라지거나 아예 사라질 수도 있겠지요. 어쩌면 30년보다 더 일찍 변화가 시작될지도 몰라요.

이야기 속에서 2024년 현재를 사는 '나'는 30년 뒤의 상황을 가상으로 꾸며 놓은 메타버스에서 쇼핑하면서 지금의 기후 위기에 대해 알게 됩니다. 이제 여러분이 직접 주인공이 되어서 메타버스 쇼핑 공간인

CC스토어의 곳곳을 누벼 보기를 바라요. 막연하게만 느껴졌던 기후 위기에 대해 조금 더 가깝고 생생하게 깨달을 수 있을 거예요.

검색 사이트 구글에서 발표한 2022년 대한민국 올해의 검색어 1위는 '기후 변화'였어요. 그만큼 기후 위기에 대한 관심이 커졌고, 위기감이 생겼다는 증거겠지요.

우리 앞에 현실로 다가온 기후 위기에 대해 알고, 그 속도를 늦추는 데에 이 책이 작게나마 도움이 되기를 바랍니다.

적당히 뜨거운 여름을 기다리며
이재은

차례

작가의 말	4
프롤로그	10

1 딸기 한 알보다 망고 한 개가 더 싸다고? 20
　　　　- 기후 변동성의 증가

2 김치가 사라졌다! 50
　　　　- 생물 다양성의 감소

3 내 감자칩을 돌려줘! 82
　　　　- 지구 열탕화

| **4** | 생일 한정판 미역국 | 114 |

— 해양 산성화

| **5** | 쌀밥을 찾아라! | 144 |

— 물 발자국과 사막화

| **6** | 수상한 초코바의 정체는? | 174 |

— 탄소 중립

이미지 출처   202

프롤로그

  주말 오후, 숙제도 약속도 없는 자유 시간이었다. 엄마, 아빠는 결혼식에 다녀온다고 점심 전에 나갔다. 부모님이 오기 전까지 이 소중한 시간을 어떻게 써야 할까 고민만 하면서 TV 채널을 돌리고 있었다.

  유명한 셰프가 나오는 요리 프로그램에서 딸기 디저트를 만들고 있었다. 딸기는 내가 제일 좋아하는 과일이라 나도 모르게 빠져들었다.

  '정말 맛있겠다. 엄마가 오시면 꼭 저 요리를 해 달

빙하가 녹으면서 살기 어려워진 북극곰

라고 졸라 봐야지.'

나는 딸기 디저트 만드는 방법을 열심히 메모했다. 흐흐, 이렇게 알찬 자유 시간이라니!

요리 프로그램이 끝나서 다른 채널로 돌렸더니, 다큐멘터리 프로그램에서 북극곰이 나오고 있었다. 마지막에 엄마 북극곰과 새끼 북극곰이 녹아내린 빙하 때문에 서로 헤어지는 장면이 나왔다. 나도 모르게 찔끔 눈물이 나왔다.

TV를 끄고, 사람이 없는 건넌방에 켜 둔 조명도 끄러 갔다. 북극곰을 위해서, 지구를 위해서 뭐라도 하고 싶었기 때문이다.

막 거실로 다시 돌아왔는데…… 이상하다? 분명 껐던 TV가 다시 켜져 있었다. 어두컴컴한 화면 정중앙에 큰 큐알 코드◎가 떠 있고, 아래에는 한 문장이 쓰여 있었다.

> 지구를 사랑하는 어린이를 위한 메타버스◎ 쇼핑,
> 지금 경험하세요.

◎ **큐알 코드**(QR code): 흑백의 격자무늬 그림인 2차원 바코드예요. 막대 모양의 1차원 바코드보다 많은 양의 정보를 담을 수 있어요.
◎ **메타버스**(metaverse): 아바타를 이용해 현실처럼 사회, 경제, 문화적 활동을 하는 3차원 가상 세계를 뜻해요.

'요즘엔 TV에도 스팸 광고가 있나?'

다시 TV를 끄려는데 도무지 꺼지지 않았다. 고장이라도 난 걸까? 내가 TV를 너무 많이 봐서 그런 건 아니겠지? 리모컨의 전원 버튼을 계속 눌러도 TV는 꺼지지 않았다. 그때 큐알 코드 아래의 문장이 바뀌었다.

> 나만의 아바타와 함께 메타버스 쇼핑을 하세요.
> CC스토어 그랜드 오픈!
>
> 신규 가입 선착순 100명에게 100만 원을 드립니다.
>
> 마감까지 98 / 100

뭐? 가입 선물로 100만 원을 준다고? 뭐? 선착순 100명 마감까지 두 명만 남았다고? 이럴 때는 고민 자체가 필요 없다. 일단 가입하고 보는 거다.

스마트폰 카메라를 켜고 큐알 코드를 스캔하니 화면에서 환한 빛이 뿜어져 나왔다. 눈이 부셔 잠시 찡

그렸다 뜬 사이 순식간에 앱이 설치되었다. 이상하게도 본인 인증 과정이 없었는데 내 이름이 이미 앱에 떠 있었다. 부모님 동의서도 필요 없었다. 약간 의심스러웠지만 고민할 시간이 없었다.

혹시라도 선착순 100명 안에 들지 못할까 봐 가슴이 콩닥거렸다. 설명과 약관은 건너뛰고 누구보다 빠르게 엄지손가락을 움직였다. 회원 가입을 완료하자 화면이 바뀌며 안내문이 떴다.

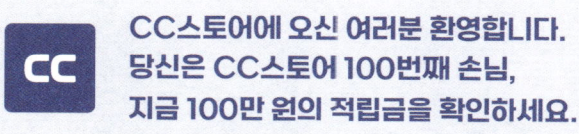

후유, 다행이다. 간신히 100명 안에 들었네. 그런데 정말 100만 원이 생긴 걸까? 설마 사기는 아니겠

지? 떨리는 마음으로 적립금 버튼을 클릭했다. 동그라미가 하나, 둘, 셋…… 여섯 개! 정말 100만 원이었다. 빨리 쇼핑하지 않으면 그 돈이 사라질 것만 같았다.

나는 재빨리 상품을 찾았다. 뭘 사지? 뭘 사지? 아까 꼭 먹고 싶었던 딸기 디저트가 생각났다. 미리 재료를 사 두면 엄마가 바로 만들어 주실 수 있잖아. 과일 카테고리로 들어가니 제일 위에 딸기가 있었다. '배달 가능' 마크까지 달려 있었다. 딸기부터 장바구니에 담고…… 어? 어? 이게 뭐지?

CC 기후 위기 상품을 선택하셨습니다.
지금으로부터 30년이 흐릅니다.
메타버스에서 만납시다.

이게 도대체 무슨 말일까? 그제야 아까 빠르게 넘

프롤로그 15

겨 버린 설명서가 언뜻 떠올랐다. 기후 위기 상품을 선택하면 30년 뒤로 간다는 말을 본 것도 같은데……. 에이, 설마 그럴 리가 있겠어?

하지만 내 생각을 비웃듯이 앱 화면에는 현재 연도인 2024년이 뜨더니 빠르게 숫자가 움직이기 시작했다. 2025, 2026, 2027…….

마침내 2054가 되자 화면에서 갑자기 빛이 뿜어져 나왔다. 순간 내 몸이 공중으로 뜨는 느낌이 들더니 눈앞이 하얗게 변했다. 어? 어? 어리둥절한 사이, 내 몸은 이미 허공에 떠 있었다. 현실인지 꿈인지 구별이 되지 않았다. 공중에 떠서 눈을 끔뻑이며 주변을 둘러보는 사이, 서서히 내 발끝은 아래를 향했다.

마침내 바닥에 발을 디딘 순간, 주변은 수많은 기호와 그림과 사진으로 가득 찼다. 눈앞에 투명한 창이 하나 떠올랐다. 나는 화면 속 글을 읽어 내려갔다.

> **CC스토어 안내서**
>
> ❶ CC스토어는 2054년, 최악의 기후 위기를 겪은 지구를 기반으로 한 메타버스로 운영됩니다.
> ❷ CC란, 'Climate Crisis(기후 위기)'의 줄임말로, 기후 위기와 관련한 상품을 판매합니다.
> ❸ 회원 가입 시 제공된 100만 원의 적립금을 자유롭게 사용할 수 있습니다.
> ❹ 로그인 시 1만 원의 적립금을, 퀴즈의 정답을 맞히면 5만 원의 적립금을 드립니다.
> ❺ CC스토어에서 얻은 상품을 소비하거나, 구입한 상품을 손에 넣으면 메타버스를 벗어날 수 있습니다.
> ❻ 구매한 상품은 메타버스를 벗어나도 사용할 수 있습니다.

구매한 상품을 손에 넣으면 이곳을 벗어날 수 있다고? 그러면 상품을 얻기 전까지는 여기에 갇힌 거야? 안 돼! 살려 줘! 말도 안 돼! 나는 믿어지지 않아 볼을 꼬집어 보고, 발을 동동 굴러 보았다. 꿈이라면 깨야 하는데, 그대로였다.

어떻게 해야 이곳에서 나갈 수 있을까? 가만, 100만 원을 마음대로 쓰고, 여기서 산 건 메타버스를 벗어나도 사용할 수 있다고? 그렇다면 빨리 사고, 빨리 얻고, 빨리 나가는 것만이 최고의 방법이다.

나는 손을 들어 눈앞에 떠 있는 창에 갖다 댔다. 내가 손을 움직일 때마다 창이 휙휙 바뀌며 다양한 상품이 보였다. 도대체 이게 무슨 일인지 아직은 짐작이 안 간다. 하지만 어쨌거나 지금 내가 할 수 있는 유일한 일은 기후 위기 상품을 찾아내 사는 것뿐이다.

딸기 한 알보다 망고 한 개가 더 싸다고?

기후 변동성의 증가

　나는 창을 움직이고 건드려서 과일 카테고리로 들어갔다. 아까 이곳으로 오기 전에 딸기를 장바구니에 담고 있었고, 기후 위기 상품을 선택했다는 메시지가 화면에 떴던 것이 기억났기 때문이다. 딸기를 주문하는 순간, 갑자기 내 앞에 무언가 번쩍 나타났다.

　"으악!"

　"안녕? CC스토어 첫 손님이네."

　공중에 한 소녀가 반투명한 형체로 떠올랐다. 소녀

는 머리에는 딸기 모양 모자를 쓰고, 딸기 그림이 반복해서 프린트된 너풀너풀한 원피스를 입고 있었다. 내가 흠칫 놀라 뒤로 물러서자, 소녀는 상냥하게 웃으며 말했다.

"자, 이리로 와."

소녀는 손짓하며 걷기 시작했다. 나는 소녀를 따라 쭈뼛쭈뼛 걸어갔다. 그러자 내 옆으로 진열된 과일들이 생겨났다. 사과, 포도, 귤, 그리고 망고까지······. 메타버스라더니, 과일들은 당장이라도 입에 넣고 싶을 만큼 싱싱하고 먹음직스러워 보였다.

나도 모르게 망고 근처로 다가갔다. 손을 뻗어 망고 한 개를 집었다. 샛노랗게 익은 망고에서 달콤한 향기가 풍겼다. 이렇게 생생한 가상 현실이라니······. 나는 망고를 손에 든 채, 어리둥절한 표정으로 딸기 소녀를 따라갔다. 소녀가 멈추더니, 뒤를 돌아 나를 보며 말했다.

"네가 주문한 건 그게 아니잖아. 주문한 딸기는 여

기 있어."

하지만 소녀가 가리킨 곳에는 딸기가 없었다. 대신 안내판이 보였다.

> **딸기 예약 주문받습니다.**
> **가격: 한 알에 10만 원**

뭐라고? 한 알에 10만 원? 장난해? 아니, 이 무슨 말도 안 되는 가격이야. 딸기가 한 알에 10만 원?

황당한 표정으로 소녀를 바라보자, 소녀는 자신의 옆으로 화면을 띄웠다. 화면에 나온 설명에 의하면, 딸기 가격은 한 알에 10만 원이고 주문 후 받을 수 있는 날짜는…… 2054년 3월 11일? 앞으로 30년 뒤에나 받을 수 있다고? 미친 거 아니야? 나도 모르게 소녀에게 소리쳤다.

"아니, 이게 말이 돼? 30년이 지나면 내가 우리 엄마 나이가 되는데, 그때 받을 수 있다고?"

"무슨 소리야? 3월 11일이면 일주일 뒤잖아."

"뭐? 지금은 2024년이라고!"

"너 아까 안내문 안 읽어 봤니? 여기는 2054년이야."

그래, 30년 뒤로 간다고 했지. 아무리 그렇다고 해도 딸기가 한 알에 10만 원이 말이 되냐고! 열 알을 사면 적립금 100만 원을 다 쓰는 거잖아. 아무리 30년 뒤라지만 이렇게 비싸질 수 있는 건가? 도무지 이해가 가지 않았다. 어리둥절한 사이, 소녀는 화면을 바꿔 영상을 보여 주며 말을 이어 갔다.

"이곳은 2054년의 상황을 짐작해서 만들어졌어. 이곳에서 미리 기후 위기로 인해 어떻게 우리의 삶이 달라졌는지 조금이나마 체험해 볼 수 있지. 네가 주문한 딸기는 말이야. 5년 전부터 거의 멸종되다시피 했어. 그래서 딸기값이 이렇게 비싸졌고, 예약 주문해야

만 먹을 수 있게 된 거지."

딸기가 멸종되었다고? 내가 제일 좋아하는 과일인 딸기가? 아니 왜! 말도 안 돼!

"딸기가 왜 멸종되었는데? 외계인이라도 습격한 거야?"

"푸하하! 외계인은 무슨. 다 인간들 때문이지. 기후 변동성이 커져서 이제 딸기는 우리나라에서 재배하기가 힘들어졌어."

"기후, 뭐?"

"기후 변, 동, 성!"

"그게 뭔데? 기후면 날씨를 말하는 거고 변동은 변한단 뜻이잖아. 날씨는 당연히 매일 변하는 거 아니야? 왜 뻔한 이야기를 하고 그래?"

"잘 들어 봐. 뻔하지 않고 아주 특별한 이야기니까. 네 말이 맞아. 날씨는 매번 변하지. 그런데 기후와 날씨는 비슷하지만 전혀 다른 말이야. 매일의 날씨는 '기상'이라고 부르고, 그 기상 자료들이 수십 년간 모여서 만들어진 평균을 바로 '기후'라고 불러. 음, 쉽게 말해 볼까? 네 기분은 매일매일 바뀌잖아? 어떤 날은 반짝반짝 해가 뜬 것처럼 정말 즐겁다가도, 어떤 날은 장맛비가 온종일 오는 것처럼 우울하기도 해. 그런 매일의 기분은 기상이라고 할 수 있지. 누군가가 너를 볼 때 매일 변하는 기분을 쭉 지켜보면 '아! 웬만하면 웃고 지내는 밝은 성격이구나. 이맘때쯤엔 기분이 어떻게 변하는구나.' 하고 대충 알 수 있게 돼. 네 기분의 평균치가 생겨나고, 네 성격이나 성향을 나타내게 되지. 매일매일 변하는 날씨 같은 기분을 기상이라고 한다면, 그런 기분들이 모여서 만든 네 성격은 기후라고 할 수 있어. 이해되지?"

"응, 우리 엄마는 꼭 내 시험 점수만 보면 기분이 좋지 않더라고. 그렇게 예측이 가능한 게 바로 기후라는 거지?"

"맞아! 말이 잘 통하는데? 날씨의 기분은 변하면서도 질서가 있어. 여름엔 덥고, 겨울엔 춥고, 봄에는 이 정도 따뜻해야 하고, 가을에는 이 정도 서늘하고……. 그런데 그렇게 몇십 년간 이어져 온 규칙은……."

"기후!"

"그래, 이제 완벽하게 이해했네. 그런데 그 규칙이 자꾸 깨지고 이상한 날씨가 자주 나타나서 변화가 생기면, 그런 현상을 기후 변동성이 커졌다고 해."

하긴, 며칠 전에도 어이없는 일이 있었다. 개구리가 겨울잠에서 깬다는 경칩도 지난 3월인데, 난데없이 눈이 너무 많이 내려서 학교에도 못 갔다. 그런 일들이 자주 생기면 기후 변동성이 커졌다고 하는 거구나.

"아니, 그런데 기후 변동성이 내 소중한 딸기와 무슨 연관이 있길래 딸기값이 이렇게 비싸진 거야?"

소녀는 고개를 떨구며 말했다.

"지구에 기후 변화가 생기면서 기후 변동성이 커지는 일은 더 자주 일어났어. 결국 5년 전 가을에 그 일이 벌어졌지. 어마어마한 기후 변동성이 생겼어. 한파가 몰아닥치더니 눈이 펑펑 내리고, 곧 겨울이 다가

폭설이 내려 제설차가 눈을 치우는 모습

오는데도 한여름처럼 정말 더운 날씨가 며칠씩 계속되었어. 그러더니 병충해가 전국의 딸기밭을 습격했어. 결국 딸기는…… 흑."

딸기 소녀는 침이 튈 정도로 열변을 토하더니, 급기야 울먹이기까지 했다. 소녀를 달래 주려고 다가서는데 문득 손에 든 망고가 거추장스러웠다. 잠시 망고를 내려놓다가 갑자기 궁금증이 생겼다.

"그럼 이 망고는 얼마야?"

소녀는 푹 수그렸던 고개를 들더니 말했다.

"망고는 한 개에 1,000원이야."

"뭐? 한 개에 1,000원? 쌀 때는 한 개에 3,000원, 비쌀 때는 만 원도 넘어서 엄마에게 조르고 졸라야 겨우 살 수 있었던 망고인데, 30년 뒤엔 오히려 가격이 내려간다고?"

"응, 기후 변동성이 커지면서 한반도에는 새로운 기후가 만들어지고 있어. 점점 겨울이 짧아지고 여름이 길어졌어. 아열대 기후로 바뀌고 있지. 그래서 요새는 강원도에서도 망고 농사를 많이 하거든. 아마 망

◎ **병충해**: 농작물이 병과 해충으로 인해 입은 피해를 말해요.
◎ **아열대 기후**: 열대와 온대 사이의 기후를 뜻해요. 여름에는 비가 많이 내리고, 겨울에는 비가 적게 내리고 눈은 거의 내리지 않아요.

고가 우리나라에서 제일 싼 과일일 거야."

소녀는 바닥에 내려놓았던 망고 한 개를 집어 나에게 건넸다.

"자, 망고를 주문하지는 않았지만 처음 온 기념으로 줄게. 먹어 봐."

나는 망고의 껍질을 벗기고 노란 속살을 한 입 베어 물었다. 과즙이 입안으로 쏟아졌다. 정말 맛있었다. 이렇게 맛있는 망고를 실컷 먹을 수 있다니. 30년 후의 메타버스 세상도 나쁘지 않다 싶었다. 비록 딸기는 못 먹지만 말이다. 쩝쩝거리며 망고를 먹고 있는데, 기분 탓인지 소녀가 나를 한심하게 바라보고 있는 것 같았다.

"왜? 뭐 할 말 있어?"

"망고를 다 먹고 나면 네가 있던 곳으로 돌아가게 될 거야. 이곳에서 얻은 상품을 다 먹거나 쓰면 원래 있던 곳으로 돌아가는 게 규칙이거든. 그런데 내 바람은 하나야. 돌아가서도 딸기가 사라진 이 세상을 잊지 않았으면 좋겠어. 더 알고 싶으면 CC스토어에 자주 접속하면 좋고."

"알겠어. 자주 올게."

망고를 다 먹고 뼈대만 남은 순간, 갑자기 불이 꺼진 것처럼 캄캄해졌다. 바닥이 흔들려서 어지러웠다. 잠시 눈을 감았다 떠 보니, 스마트폰을 들고 CC스토어에 접속하던 그 자리로 돌아와 있었다.

내 옆에는 웬 딸기 한 알이 떨어져 있었다. 설마? 급히 앱을 열어 보았다. 적립금은 90만 원이 되어 있었고, 주문 내역에는 '딸기, 배송 완료. 예정일보다 빨리 배송되었습니다.'라고 쓰여 있었다. 한 알에 10만 원짜리 딸기라니……. 더없이 소중했다.

딸기를 집어 한 입 베어 물었다. 30년 뒤에는 딸기가 없어질 거라 생각하니 기분이 이상했다. 그때 스마트폰에 CC스토어 알림 메시지가 떴다.

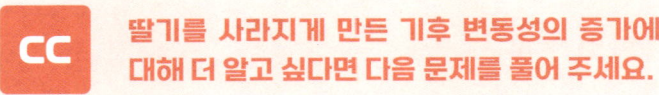

딸기를 사라지게 만든 기후 변동성의 증가에 대해 더 알고 싶다면 다음 문제를 풀어 주세요.

CC스토어 퀴즈

Q. 기후와 기후 변동성에 대해 잘못 말한 것은 무엇일까요?

① 올여름은 유난히 덥네. 기후 변동성이 커지고 있나 봐.
② 오늘은 햇빛이 정말 쨍쨍하고 바람도 살랑살랑 부네. 오늘 기후 참 좋다!
③ 기후 변동성이 커지면 기후 변화가 일어났다고 말해.
④ 이번 겨울은 패딩 점퍼를 한 번도 안 입을 만큼 춥지 않았네. 기후가 달라지고 있어.

기후는 날씨가 모여서 만든 평균치라고 했으니까, 오늘 날씨를 기후라고 부르는 것은 잘못된 거지. 그러니까 정답은 2번!

정답입니다. 5만 원이 적립되었습니다.
기후 변동성에 대한 더 자세한 이야기를 알고 싶다면 클릭하세요. 추가 적립금을 드립니다.

적립금 5만 원을 받아 봤자 딸기 한 알도 못 사 먹지만, 모으다 보면 어디 쓸 데가 있겠지? 그나저나 기후 변동성에 대해 더 자세한 이야기를 들려준다고? 적립금까지 준다니 거부할 이유가 없지! 나는 OK 버튼을 꾹 눌렀다.

버튼을 누르자, 나는 다시 메타버스로 이동했다. 허공에 네 개의 문이 떠 있었다. 가까이 다가서자, 방마다 달린 문패가 보였다. 첫 번째 방은 지식의 방이었다. 그곳의 문을 여니, 안내문이 눈앞에 떠올랐다.

> **지식의 방** 오늘의 기후 위기 키워드와 관련한 지식을 얻을 수 있습니다.

　방 안으로 들어서자 '기후', '기후 변동성' 같은 말들이 둥둥 떠다녔다. 손가락으로 궁금한 키워드를 톡 건드리니, 설명이 시작되었다.

기후가 뭐야? ▶

　기후 변동성에 대해 이해하려면 기후의 정확한 뜻을 먼저 알 필요가 있어. '기후'란 오랫동안 측정한 날씨의 평균을 말해. 세계기상기구 WMO는 30년간의 날씨 정보로 기후를 판단하지.
　기후는 영어로 'climate'라고 하는데, 이 단어는 14세기에 '적도와 평행한 여러 선으로 구분되는 지역들'을 의미했어. 당시 학자들은 햇빛의 각도와 낮의 길이

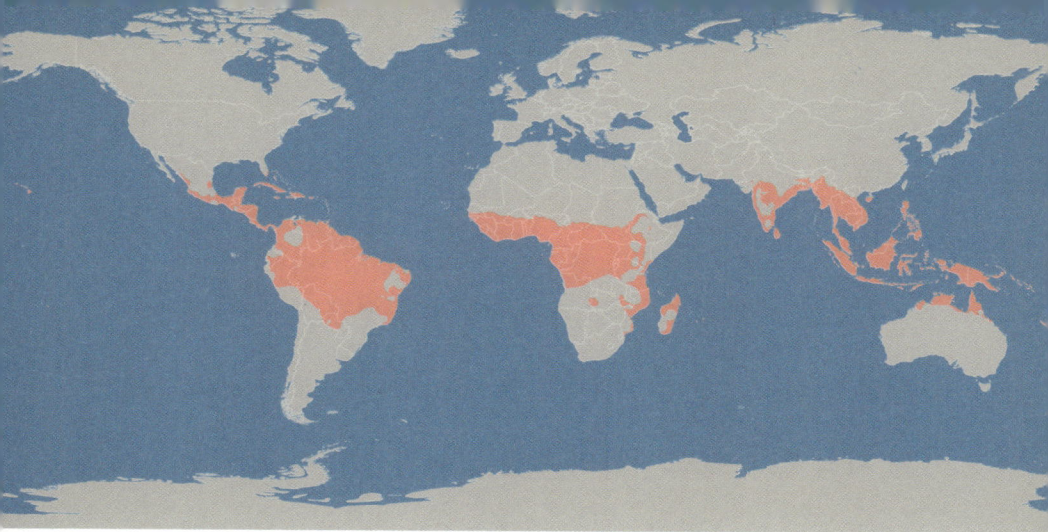

적도 부근의 열대 기후 지역을 표시한 지도

를 기준으로 지역을 나누었거든. 실제로 햇빛을 많이 받는 적도 부근은 열대 기후를 이루고, 햇빛을 적게 받는 극지방은 한대 기후를 이루지. 지구에서 어느 지역에 위치하는지가 기후를 결정하는 가장 큰 요인이야. 또 고도◦와 지형, 바다와의 거리 등이 기후에 영향을 미치게 돼.

◎ **고도**: 평균 해수면 따위를 0으로 해 측정한 대상 물체의 높이를 말해요.

기후 변동성의 증가

기후 변동성은 뭐야? ▶

'기후 변동성'이란 기후가 현재의 평균 상태에서 달라질 가능성을 뜻해. 예를 들어서 평균 온도가 25도인 지역에서 20도 이하의 추운 날씨가 생기거나 30도 이상의 더운 날씨가 생기는 것 모두 기후 변동성이 생긴 상황이지. 그 차이가 크게 일어나면 기후 변동성이 커졌다고 해.

기후 변동성은 자연적 현상으로 생겨나기도 해. 하지만 요즘에는 점점 외부 요인으로 인해 기후 변동성이 커질 위험에 처해 있어.

지식의 방에서 나오니 바닥에 홀로그램°으로 길이 이어져 있었다. 길을 따라가 보니 또 다른 방이 있었다.

◎ **홀로그램**(hologram): 사진 투영 기법을 사용해 3차원으로 장면이나 물체를 기록하는 것을 말해요. 입체적으로 물체의 모습을 볼 수 있어요.

의문의 방

오늘의 CC스토어 상품과 기후 위기 키워드에 관한 궁금증을 풀어 봅니다.

기후 변동성이 왜 커지는 거야? ▶

기후 변동성을 커지게 만드는 원인은 여러 가지가 있어. 태양 활동이 변하거나, 바닷물의 움직임이 달라지거나, 화산 폭발이나 지진 같은 자연 현상이 원인으로 꼽혀. 하지만 우리가 중요하게 여겨야 할 원인은 바로 인간이 만들어 낸 지구 온난화야.

지구 온난화가 생기면 왜 기후 변동성이 커지는데? ▶

겨울의 기후를 예로 들어 볼까? 지구가 따뜻해진다면 겨울이 춥지 않아야 하지만, 그렇지만은 않아.

지구 온난화로 인해 녹고 있는 북극 얼음

 겨울인가 싶게 따뜻하다가도 엄청나게 추운 날씨가 찾아오기도 해. 이렇게 들쭉날쭉 겨울 날씨가 달라지면 결국 기후가 변화하고, 기후 변동성은 큰 폭으로 커지지.

 이런 현상에는 다양한 이유가 있어. 그중 하나는 지구 온난화가 지구 전체에서 골고루 일어나지 않고, 북극과 남극에서 집중적으로 생기기 때문이야. 극지

방의 얼음이 녹아 생긴 열과 수증기가 대기 흐름을 바꿔서 겨울에 엄청난 폭설을 내리게 할 수 있어. 결국 기후는 예전과 달라지고, 기후 변동성이 증가하지.

기후 변동성이 증가하면 어떻게 돼?

점점 기후가 달라지고 이전의 평균값으로 돌아오지 않으면, 기후 변동성이 커져서 '기후 변화'가 일어났다고 해. 기후 변화가 우리 삶에 나쁜 영향을 미치기 시작하면 '기후 위기'가 찾아왔다고 하지.

지금 우리는 기후 위기의 시대에 살고 있을까? 분명한 것은 지금 이대로 아무것도 변화시키지 않으면, 머지않아 끔찍한 기후 위기를 마주할 수밖에 없다는 사실이야.

다음에 만난 방은 소멸의 방이었다. 소멸이란 사라진단 말이잖아? 아, 기후 위기 때문에 사라질 수 있는 것에 대해 알아보는 곳이구나.

소멸의 방 기후 위기로 인해 사라질 위험에 처한 상품에 대해 알아봅니다.

딸기가 사라진다고? ▶

딸기는 선선한 기후를 좋아하는 여러해살이◎ 열매채소야. 딸기를 심을 때는 5도 이하에서 50~200시간 정도 지나야 제대로 새싹이 올라오고 열매를 맺을 수

◎ **여러해살이**: 식물이 2년 이상 생존하는 일이나 그런 식물을 말해요.

있어. 비닐하우스에서 재배하더라도 모종◎일 때는 차갑게 늦가을을 보낸 다음 온도를 높여서 열매를 맺게 만들지.

이렇듯 딸기는 기후에 민감해서 잘 기르기 위해서는 노력이 필요해. 만약 기후 변동성이 커져서 가을에 평균보다 날씨가 크게 따뜻해진다면, 병충해가 발생해 결국 딸기 흉년으로 이어질 수 있어. 실제로 2021년 가을은 평균보다 매우 따뜻해서 딸기 모종이 상하는 일이 많았어. 그래서 다음 해에 딸기값이 비싸지기도 했지.

망고가 잘 자란다고? ▶

망고는 열대 지방에서 가장 널리 심는 열매 작물 중 하나야. 망고는 뚜렷한 건기◎가 있어야 잘 자라. 그

◎ **모종**: 옮겨 심으려고 가꾼, 벼 이외의 온갖 어린 식물을 말해요.
◎ **건기**: 기후가 건조한 시기를 말해요.

래서 현재 우리나라에서 기르기에는 적합하지 않지.

우리나라에서 제일 따뜻한 제주도에서는 비닐하우스에서 애플망고 농사를 짓고 있어. 하지만 기후 변동성이 점점 커져서 한반도의 기후가 아열대 기후처럼 변하게 되면 어떨까?

제주도에서만 하던 망고 농사를 가장 서늘한 지역

인 강원도에서까지 할 가능성이 있어. 그러면 망고 가격도 점점 내려가겠지. 농업 지도가 바뀌는 셈이야.

이대로 기후 위기의 시대로 향해 간다면, 우리가 먹었던 다양한 음식이 사라지고 새로운 음식들을 받아들여야 할 때가 올지도 몰라.

마지막으로 들어간 방은 부활의 방이었다. 다시 살린다는 건 희망이 있다는 뜻이다. 그래, 이대로 사라져선 안 돼! 어떤 방법이 있는지 알아보자.

부활의 방
기후 위기로 인해 사라질 위험에 처한 상품을 살리기 위한 노력을 알아봅니다.

딸기를 살려 줘!

우리나라에 딸기가 전해진 것은 얼마 되지 않았어. 일제 강점기 때부터였거든. 광복 이후에는 일본에 많은 로열티°를 주면서 일본에서 들여온 딸기 품종을 길렀지.

그러다가 2005년부터는 국산 품종인 설향이 본격적으로 재배되면서 국산 딸기의 시대가 열렸어. 설향은 우리나라 딸기의 85% 정도를 차지하고, 세계로 수

◎ 로열티(royalty): 남의 특허권, 상표권 등의 공업 소유권이나 저작권 따위를 사용하고 지불하는 값을 말해요.

출까지 하는 자랑스러운 딸기야.

하지만 설향의 점유율◎이 높아서 생긴 걱정거리도 있어. 만약 설향에 잘 옮는 새로운 병충해가 생긴다면, 우리나라 대부분의 딸기가 없어질 수도 있거든. 그래서 국산 품종을 다양하게 길러야 한다는 목소리가 커. 딸기의 다양한 품종 개발은 꼭 이루어야 할 숙제야.

충청남도 농업기술원에는 딸기연구소가 있어. 이곳에서는 기후 변화에 대응하고 소비자의 입맛에 맞춘 새로운 딸기 품종을 만들기 위해 노력 중이야. 매향, 설향, 숙향, 킹스베리, 만향, 금향, 써니베리, 두리향, 하이베리, 비타베리 등 수많은 품종이 이곳에서 개발되었지. 앞으로 한반도의 기후가 더 따뜻해질 가능성에 대비해 고온과 병충해에 강한 다양한 품종을 개발해서 설향의 점유율을 낮추는 것이 목표래.

◎ **점유율**: 물건이나 영역, 지위 등을 차지하고 있는 비율을 말해요.

충청남도 논산에서 재배하고 있는 딸기

 이처럼 전문가들은 기후 위기에도 견딜 수 있는 튼튼하고 맛있는 딸기를 개발하고 있어. 이와 더불어 우리도 기후 변화를 막기 위한 다양한 노력을 해야 맛있는 딸기를 오래오래 먹을 수 있을 거야. 딸기야, 제발 사라지지 마!

김치가 사라졌다!

생물 다양성의 감소

집에 도착하자마자 급하게 가방을 내팽개쳤다. 오늘은 한 달에 딱 한 번만 먹기로 엄마랑 약속한 라면을 먹을 수 있는 날이기 때문이다. 설레는 마음으로 라면 물을 올렸다. 이윽고 물이 끓어올라 황급히 면을 퐁당 넣었다. 이제 수프를 탈탈 털어 넣고 휘휘 저은 다음, 끓기만 기다리면 된다.

그동안 꼭 준비할 것이 있다. 바로 라면의 친구, 김치다. 김치를 꺼내려고 냉장고를 열었는데, 어라? 김치가 보이지 않았다. 이리저리 뒤져 봐도 도무지 찾을 수 없었다. 그사이 라면은 다 완성되었다. 일단 라면을 그릇에 덜고 있는데 전화가 왔다. 엄마였다.

"집에 왔어? 냉장고에 반찬 있으니까 꺼내서 밥 차려 먹어."

"엄마, 김치는 어디 있어요? 김치 없어요?"

"김치? 아, 맞다. 김치 다 먹었어. 엄마가 주문한다는 걸 깜빡했네. 오늘만 김치 없이 먹어."

이 무슨 청천벽력◎ 같은 소리란 말인가! 이렇게 맛있는 라면을 앞에 두고 김치가 없다니! 내 라면데이의 끝을 이렇게 망칠 순 없어! 그때 문득 어제 스마트폰에서 보았던 CC스토어 화면 속 광고 문구가 떠올랐다. 나는 스마트폰으로 CC스토어 앱을 실행했다.

무엇을 선택하든 1분 만에 뚝딱,
순식간에 배달하는 '눈깜짝 배송'을
경험하세요!

어제 보았던 광고 문구 그대로였다. 그래, 이대로라면을 먹을 수 없어. 한번 주문해 보자. 나는 반찬 카테고리에서 배추김치를 찾아 주문 버튼을 꾹 눌렀다. 그 순간, 갑자기 스마트폰에서 빛이 뿜어져 나오더니 몸이 공중으로 떠오른 느낌이 들었다.

나는 분명 우리 집 부엌에 있었는데, 지금 내 주변을 둘러싼 것은 마치 벽을 세운 것처럼 늘어선 양념통들이었다. 어리둥절해 이리저리 둘러보고 있는데, 먼 곳에서 누군가가 나를 향해 다가왔다. 점점 가까워질수록 그의 형체가 드러났다. 나도 모르게 피식 웃음이 새어 나왔다. 그도 그럴 것이 머리에는 배춧잎 모양 모자를 쓰고, 굵은 고춧가루 같은 스팽글◎이 다닥다닥 붙은 화려한 블라우스를 입고 있었기 때문이다.

◎ **청천벽력**(靑天霹靂): 맑게 갠 하늘에서 치는 날벼락이라는 뜻으로, 갑작스럽게 일어난 재앙이나 사건을 비유적으로 이르는 말이에요.
◎ **스팽글**(spangle): 반짝거리는 얇은 장식 조각을 말해요.

나는 새어 나오는 웃음을 멈추고 물었다.

"너도 아바타니?"

"맞아. 주문 품목에 따라 맞춤형 아바타가 나타나서 네 쇼핑을 도와줄 거야."

"그렇다면 어서 도와줘. 나 김치가 정말 급하게 필요하단 말이야."

"여기 있는 게 다 김치야."

아바타는 내 옆에 늘어선 양념 통을 가리키며 말했다. 뭐라고? 이게 김치라고? 압축 건조 김치? 캔 김치? 설마 물을 더하면 막 부풀어서 김치가 되는 그런 건가? 도무지 믿기지 않았다.

"에이, 장난하지 말고 어서 김치를 줘!"

아바타는 나에게 천천히 다가오더니 고개를 숙이고 말했다.

"30년 뒤에 김치는 사라져 버렸어."

아바타는 나에게 따라오라는 손짓을 했다. 그가 이끄는 대로 양념 통에 가까이 다가가 살펴보니 '배추김치'가 아니라 '배추김치 맛'이라고 쓰여 있었다. 그러고 보니 아까 주문 창에서도 작은 글씨로 쓰인 '맛'을 본 것도 같았다.

"이게 다 김치 맛 양념이라는 거야? 그럼 진짜 김치는? 네가 머리에 쓰고 있는 배추랑 입고 있는 고춧가루는? 다 어떻게 된 거야?"

아바타는 말없이 공중에 화면 하나를 띄웠다.

 생물 다양성의 감소로 인해 김치가 사라지면서 개발된 김치 맛 가루, 그리운 고향의 맛을 느껴 보세요.

"이게 뭐야? 생물 다양성? 이거랑 김치가 무슨 상관인데?"

"생물 다양성이 감소하면서 우리나라에서는 고추와 배추가 사라졌어. 김치도 자연스럽게 사라졌지. 그

래서 김치 맛을 그리워하는 사람들을 위해 김치 맛 가루를 인공적으로 만들어서 팔고 있는 거야."

"뭐라고? 도대체 생물 다양성이 뭔데? 다양한 생물이 있으면 김치도 있어야지. 왜 사라진 거야!"

"잘 봐. 그냥 다양성이 아니고 다양성이 감소했어. '생물 다양성'이란 지구상에 존재하는 생물 전체를 의미해. 생물들은 각자 다른 모습과 방식으로 살아가면서도 서로 연결되어 있어. 먹이 사슬이란 말은 들어봤지? 서로 먹고 먹히면서 생태계 전체를 바라보면 조화롭게 어울려 사는 모습을 만들지. 그게 바로 좋은 모습의 생물 다양성이야."

"그런데 그런 생물 다양성이 감소한다는 거지? 멸종하는 동물이 많아진다는 이야기는 들었어. 그래서 그런 거야?"

"그래, 놀랍게도 네가 살고 있던 30년 전부터 지구상에 사는 1,300만여 종의 생물 중에 70종이 매일 사라지고 있었지. 결국 30년이 지난 지금 2054년에는

멸종 위기에 처한 수리부엉이

생물종의 25%가 멸종되었어."

"거기에 고추와 배추도 포함된 거야?"

"응, 고추는 특히 온도와 강수량이 중요한 작물이야. 기후 위기로 인해 폭염이 자주 찾아오면서 제대로 꽃을 피우지 못한 고추들이 많아졌고, 결국 열매도 맺기 힘들어졌지. 기후 위기로 대기가 점점 따뜻해지면 강력한 비를 뿌리는 현상이 더 심해져. 차가운 공기보다 더운 공기가 대기 중의 수분을 저장하기 더 쉽기 때문이야. 그래서 폭염과 폭우가 함께 오는 여름이 너무 길어지다 보니까 그만……."

아바타는 감정에 북받친 듯 말을 잇지 못하더니 눈물까지 흘렸다. 고개를 숙이고 훌쩍일 때마다 배춧잎이 팔랑거렸다. 나도 모르게 다가가 아바타의 머리를 쓰다듬었다. 놀랍게도 빳빳하고 서걱서걱한 배춧잎의 촉감이 느껴졌다. 이 배춧잎도 사라져 버린 걸까? 아바타는 조금 진정이 되었는지 말을 이어 갔다.

"김치의 또 다른 주재료인 배추도 그래. 우리나라에서는 가장 서늘하고 높은 지역에서 배추를 많이 재배했지. 배추 역시 기후에 민감한 작물이야. 점점 배추의 재배 면적이 줄어들더니 결국 지금은 아주 일부 지역에서만 배추를 재배하고 있어. 이대로라면 배추도 곧 사라질 거야."

막연하게만 생각했던 기후 위기의 결과를 직접 보

게 되니 기분이 이상했다. 급식 반찬 칸의 한자리를 늘 차지하고, 식탁에 안 올라오면 허전한 김치가 사라져 버렸다니……. 이만큼 멸종 생물에 대해 와닿은 것은 처음이었다.

"학교에서 멸종 생물에 대해 배우면 나오는 동떨어진 이야기 같았거든. 그런데 김치가 사라지다니……. 정말 충격이야."

"이제야 좀 실감이 나니? 사실 생태계는 모두 연결되어 있어서 아주 작은 곤충이나 식물이 사라지는 것도 오랜 시간을 두고 보면 인간에게 아주 큰 영향을 줘. 그러니까 되도록 생물 다양성을 잘 지키고 보존해야만 결국 사람들도 행복하게 살 수 있는 거야."

"어떻게 해야 생물 다양성을 지킬 수 있는데?"

"지구에 인간이 없다면, 생물종 멸종은 1,000배 느리게 진행된대. 인간이 동식물의 멸종을 1,000배나 빠르게 만드는 거지. 인간이 무엇을 하길래 그럴까?"

"그냥 열심히 사는 거지, 뭐. 공부하고, 일하고, 먹고, 자고, 놀고……. 작정하고 멸종을 앞당기는 사람이 어디 있겠어."

"맞아. 인간은 자연스럽게 살아왔지만, 평범한 행동들이 지구의 온도를 상승시키고 결국 기후 위기를 불러왔어. 그러니까 이제 더는 지금처럼 살아서는 안 돼. 30년 후에도 김치를 마음껏 먹고 싶다면, 더 늦지 않게 지구를 생각하는 행동을 시작해야 해."

아바타가 이렇게 말하자 어쩐지 나에게 큰 임무가 주어진 기분이었다. 그런데 내가 무엇을 할 수 있을까? 나는 그저 평범한 초등학생에 불과한걸. 아바타는 김치 맛 가루 중 하나를 나에게 건네며 말했다.

"자, 선물로 줄게."

"고마워. 그런데 나 어떻게 돌아가? 이걸 다 먹을 수도 없고 말이야."

"그렇다면……."

아바타는 머리에 얹힌 배춧잎을 조금 떼어 나에게 건넸다.

"이걸 다 먹으면 돌아갈 수 있을 거야."

황당했다. 김치를 주문했다가 생 배춧잎이나 씹게 되다니……. 하지만 다시 돌아가는 방법은 이것뿐이다. 나는 배춧잎을 입안에 넣고 천천히 씹었다. 꽤 단 즙이 입안에 퍼졌다. 아삭아삭하게 씹히는 질감도 신선했다. 이렇게 맛있는 배추가 사라질 수도 있다니……. 매번 보던 김치가 더 소중하게 느껴졌다.

배춧잎을 잘게 씹어 목구멍으로 넘긴 순간, 마치 순간 이동을 한 듯 나는 우리 집 부엌으로 돌아와 있었다. 내 손에는 김치 맛 가루가 들려 있었다. 순간, 끓여 놓았던 라면이 생각났다. 에잇, 라면 다 불었겠네. 내 라면데이는 완전히 망해 버렸어!

허겁지겁 라면을 올려 두었던 식탁으로 달려갔다. 그런데 라면은 이제 막 끓인 듯 면발이 탱탱하게 살아 있었다. 메타버스에 있는 동안은 시간이 멈추기라도 하는 걸까? 김이 폴폴 나는 라면을 보니 침이 꼴깍 넘어갔다.

급작스레 CC스토어에 다녀오느라 배고픈 것도 잊고 있었는데, 면발을 한 젓가락 들어 올리는 순간, 배 속에서 요동이 쳤다. 후루룩 면 치기로 한입 가득 먹고 나서 김치 한 조각을……. 아, 김치가 없지. 메타버스에서 얻어 온 김치 맛 가루를 라면 위에 솔솔 뿌려 먹어 보았다. 당연히 김치 맛이 났지만, 아삭아삭 매콤 새콤한 진짜 김치 맛과는 비교할 수 없었다. 라면을 계속 먹을수록 김치 생각이 더 간절했다. 반드시 김치를 지켜야 한다는 생각이 들었다.

CC스토어 앱을 실행하고 김치 카테고리로 들어갔다. 미니 김치, 볶음김치, 매운 김치, 열무김치, 깍두기까지 있었지만 30년 뒤에 이것은 진짜 김치가 아니었다. 아직 너무 매워서 잘 먹지 못하는 김치도 있는데, 이대로 가다간 매운 것을 잘 먹는 어른이 되었는데도 김치가 사라져 먹어 보지 못할 수도 있다. 나는 어떻게 해야 할까? 그때 스마트폰 화면이 번쩍이더니 팝업 창이 나타났다.

김치를 사라지게 만든 생물 다양성의 감소에 대해 더 알고 싶다면 다음 문제를 풀어 주세요.

CC스토어 퀴즈

Q. 생물 다양성은 크게 세 가지 단계로 나눌 수 있는데요. 다음 중 생물 다양성의 단계에 속하지 않는 것은 무엇일까요?

① 유전자 ② 종
③ 생태계 ④ 동물

억, 어렵다. 가만 보자. 1, 2, 3번은 조금 어려운 말인데 4번만 튀는 느낌이 든단 말이야. 이번에는 내 감을 믿어 보겠어! 정답은 4번!

정답입니다. 5만 원이 적립되었습니다.
생물 다양성에 대한 더 자세한 이야기를 알고 싶다면 클릭하세요. 추가 적립금을 드립니다.

그러고 보니 오늘 김치 맛 가루는 적립금도 안 쓰고 선물로 받아 왔다. CC스토어는 이렇게 적립금을 퍼 주는 것도 모자라, 상품을 공짜로 주면서까지 30년 뒤의 세상으로 나를 부르고 있다. 지금의 나에게 꼭 말하고 싶은 이야기가 있는 게 분명하다. 그 이야기를 듣기 위해 나는 버튼을 클릭했다.

지식의 방

생물 다양성이 뭐야? ▶

 '생물 다양성'은 말 그대로 생물이 많고 종류가 다양하다는 뜻이야. 지구의 바다와 육지를 아우르는 생태계 전체가 다양하고, 복잡하고, 풍성한 상태를 말해.

 생물 다양성은 대개 3단계로 나누는데, 생물종의 다양성, 생물이 사는 생태계의 다양성, 생물이 가진 유전자의 다양성을 포함해. 단순히 종류만 많다고 좋은 게 아니야. 생물이 사는 환경도 다양해야 하고, 같은 생물종에서도 다양한 유전자 변이◎가 일어난 상태가 바람직하지.

 생물 다양성에 대한 이해와 보존을 위해 유엔UN에 가입한 나라들은 '생물 다양성 협약'을 맺었어. 이 협

약의 의미를 기념하기 위해 매년 5월 22일은 '국제 생물 다양성의 날'로 지정되었지.

생물 다양성이 감소하면 어떻게 돼? ▶

생물 다양성의 감소는 단순히 생물이 사라지는 것 이상의 변화를 가져와 인간에게도 크게 영향을 미쳐. 문화와 복지 수준을 떨어뜨리기도 하지만, 결국 인류의 생존까지도 위협하지.

그 이유는 무엇일까? 인류는 오랜 세월 동안 다양한 생물에게서 음식물과 의약품을 얻어 왔어. 예전에는 대부분 의약품을 식물과 동물에게서 얻었지. 지금도 크게 다르지는 않아.

◎ **변이**: 같은 종에서 성별, 나이와 관계없이 모양과 성질이 다른 개체가 존재하는 현상을 말해요.

 미국의 경우를 예로 들어 볼까? 조제되는 약의 25% 정도가 식물로부터 뽑아낸 성분을 포함하고 있어. 또 3,000종류 이상의 항생제를 미생물에서 얻고 있어. 동양에서 많이 쓰는 전통 의약품의 경우는 5,100여 종의 동식물을 사용하지. 그러니까 생물이 사라지는 것은 결국 인간이 건강하게 사는 데 필수적인

의약품이 사라질 수 있다는 것을 의미해.

생물 다양성이 감소하면 우리가 먹는 음식의 종류도 줄어들 수 있어. 농부들은 오래전부터 농업 생산력을 늘리기 위해 노력했어. 품종을 교배◎해서 유전적 다양성을 늘리고, 변화하는 환경 조건에 맞춘 식품을 만들어 냈어. 만약 생물 다양성이 감소한다면 유전적 다양성도 점차 단순해지고, 변화에 대응하지 못하고, 사라지는 음식들은 점점 더 늘어나겠지.

생물 다양성은 눈에 보이는 동식물뿐 아니라 미생물의 다양성까지도 포함해. 미생물은 환경 오염 물질을 흡수하거나 분해하는 역할을 하지. 이런 미생물의 종류가 줄어들면 농작물이 자라는 땅이 메마르고, 기후 변화까지 더 심해질 수 있어.

◎ **교배**: 생물의 암수를 인위적으로 수정 또는 수분시켜 다음 세대를 얻는 일을 말해요.

의문의 방

생물 다양성 감소가 얼마나 심각한데? ▶

지구상에 사는 생물종은 1,300만 종 정도로 추정되는데, 매일 70종씩 사라지고 있어. 이 속도라면 2050년까지 생물종의 25%가 멸종할 거야. 문제는 이런 멸종 속도가 지구에 인간이 살기 전의 자연적인 멸종에 비교하면, 무려 1,000배나 빠르다는 거지. 과학자들이 예측한 속도보다도 10배나 빠른 속도야.

심지어 인류가 아직 발견하지 못한 생물도 아주 많을 거래. 어떤 생물은 인류가 알기도 전에 멸종 위기에 처할 수도 있어. 이 정도로 생물 다양성의 파괴가 지속된다면, 머지않은 미래에 인류까지도 사라질 수 있다는 무시무시한 예측까지 나오고 있지.

생물 다양성 감소가 왜 일어나는 거야? ▶

　기후 변화는 생물들이 빠른 속도로 멸종하는 가장 큰 원인이야. 2021년에 발표된 자료를 보면, 현재까지 세계 평균 기온은 산업 혁명 이전과 비교해서 1.1도가 올랐어. 전 지구의 평균 해수면은 1901년에서 2018년 사이에 0.2m가 상승했어. 그린란드의 빙하는 1992년부터 1999년까지의 기간과 비교해 봤을 때, 약 6배나 빠른 속도로 녹고 있지. 게다가 대기 중 이산화탄소 농도는 지난 300만 년을 통틀어서 가장 높대.

　이런 기후 변화는 다양한 생물이 아주 오랜 시간에 걸쳐 적응한 환경이 심각하게 달라지고 있는 것을 의미해. 급격한 변화에 적응하지 못한 생물들은 결국 서식지를 잃고 멸종 위기에 처하게 되지.

많은 동식물의 서식지였던 정글이 불타 버린 모습

기후 변화 말고 다른 이유도 있어? ▶

세계 곳곳에서 이루어지는 무분별한 개발 역시 생물 다양성 감소에 영향을 주고 있어. 마구잡이로 서식지를 파괴하거나 원래 적응해 살던 동식물이 아닌 외래종을 유입시키면서 생태계를 혼란스럽게 만들었지. 기후 변화는 결국 인간이 만들어 낸 것인데, 거기에 더해서 인간은 생태계 파괴까지 하고 있지.

특별히 심각한 지역이 있어?

국제자연보전연맹IUCN에 의하면 지구상의 생물종은 한대 지역에 1~2%, 온대 지역에 13~24%, 열대 지역에 74~84% 정도로 살고 있어. 그중에 열대 우림 지역은 지구 표면적의 7% 정도지만, 지구 생물종의 절반 정도가 살고 있대. 그런데 그 지역에는 선진국보다 개발 도상국◎이 많이 있어. 그런 나라에서는 빨리 경제 개발을 하는 게 목표니까 자연을 생각하지 않고 함부로 개발하곤 해. 생물종이 많은 지역에서 환경을 파괴하는 행동을 가장 많이 하다 보니까, 생물 다양성의 감소 속도는 예전보다 훨씬 더 빨라지고 있지.

◎ **개발 도상국**: 산업의 근대화와 경제 개발이 선진국에 비해 뒤떨어진 나라를 말해요.

소멸의 방

김치가 사라진다고? ▶

우리가 먹는 김치의 주재료는 배추, 그리고 고추야. 배추와 고추 모두 서늘한 기후에서 잘 자라고, 높은 온도가 계속되면 생산량이 줄어드는 작물이야.

배추와 고추에도 다양한 종이 있어. 그런데 이 종의 종류가 적어지거나, 유전자의 종류가 줄어들거나, 배추와 고추가 살 수 있는 환경까지 서서히 사라진다면 생물 다양성의 감소가 일어났다고 볼 수 있지. 배추와 고추에는 이미 생물 다양성의 감소가 나타나고 있어.

배추가 사라진다고?

배추는 씨를 뿌린 뒤 속이 동그랗게 찰 때까지의 기온과 강수량이 자라는 데 큰 영향을 줘. 그런데 이때 기온이 높고 비가 많이 내리면 좋지 않아. 흙 속에 물이 많은 상태가 지속되다가 강한 햇볕을 받으면 속이 물러지면서 썩게 되거든.

고추가 사라진다고?

고추도 기후 변화에 민감해. 고추는 26~36도에서 가장 잘 자라지만 너무 더워도 문제야.

폭염이 계속되고 공기 중의 이산화탄소 농도가 증가할수록 고추의 꽃봉오리 수가 급격히 줄어들어. 그러면 결국 수확하는 고추의 크기도 작아지고 양도 줄어들지. 기온이 점점 올라가면서 우리나라 고추 생산의 파종기는 매년 0.4일씩, 수확기는 매년 0.54일씩

빨라지고 있대.

    강수량 역시 고추 생산에 큰 영향을 끼쳐. 날이 덥고 비까지 많이 내리면 고추에 치명적인 탄저병에 걸리기 쉽거든.

◎ **파종기**: 씨를 뿌리는 시기를 말해요.

탄저병은 온난하고 비가 많이 올 때 생기는 식물 바이러스로 인해 식물의 과실, 줄기, 잎 등에 발생하는 병이야. 지금도 가끔 발생하는 고추 탄저병 때문에 매년 우리나라 고추 농가들이 약 1,000억 원의 피해를 입고 있어.

지금처럼 계속 온실가스가 많이 배출되고 기후 변화가 일어난다면, 대기는 점점 따뜻해지고 강력한 비가 내리는 날은 점점 더 많아질 거야. 그렇다면 배추와 고추가 자라기 힘든 환경이 계속될 거고, 지금보다 생물 다양성은 훨씬 더 감소하게 되겠지. 결국 배추와 고추가 사라질 수도 있어.

부활의 방

김치를 살려 줘! ▶

　김치의 가장 중요한 재료인 배추는 우리나라 국민이 가장 즐겨 먹는 채소야. 2020년 통계에 따르면, 한국인 1인당 배추 연간 소비량은 무려 47.5㎏이나 된대. 이는 채소류 소비량의 3분의 1을 차지하는 수치야. 이처럼 한국인의 식생활에 빼놓을 수 없는 배추가 사라진다면, 한국인의 밥상에도 큰 변화가 찾아올 거야.

　요즘은 지구 온난화의 영향으로 배추 심는 시기를 조금 늦추고 있대. 예전의 평균 기온보다 더워서 조금 더 서늘해질 때까지 기다리는 거지. 이상 고온 현상이 계속되면, 오히려 배추가 너무 잘 자라서 문제가 생기기도 해. 원래 목표로 했던 양보다 너무 많이 생산되

김치의 중요한 재료인 배추와 고추

면 가격이 내려가고, 그러면 농민에게 피해가 가거든.

그래서 변하는 기후와 병충해에 잘 견딜 수 있는 배추가 개발되어야 해. 이를 위해 농촌진흥청 국립원예특작과학원에서는 10여 개의 국산 배추 품종을 개발했지. 속이 노란 황금 배추, 항암 성분이 풍부한 배추도 개발했어. 또 온난화와 과잉 생산으로 인한 가격 하락을 막기 위해서 재배 기간이 짧은 배추도 탄생시켰어.

김치의 또 다른 중요한 재료인 고추는 기온이나 강수량, 토양의 염분 등에 민감하게 반응하는 작물이야.

우리나라뿐 아니라 전 세계의 고추 산지에서 고추가 사라지지 않도록 노력을 기울이고 있어. 한 예로, 스페인에서는 높은 기온이나 염분에 잘 견디는 야생 고추 종자를 찾아서 상업적으로 재배하는 고추와 접목시켜서 고추 종자의 유전적 다양성을 향상하는 연구에 성공했어.

작물을 키울 때 화학 비료와 농약을 많이 쓰면, 땅속에 있는 미생물까지도 죽게 만들고 주변 환경의 생물 다양성까지 파괴하게 돼. 그래서 화학 비료 대신 분변◎ 등 유기질 거름을 사용하는 것이 좋아. 고추를 기를 때도 유기 농업을 많이 도입하고 있어.

최대한 생물 다양성을 지키고 늘려가야 해. 그래야 우리가 맛있게 먹는 다양한 음식이 사라지지 않게 지킬 수 있어.

◎ **분변**: 사람이나 동물이 먹은 음식물을 소화해 항문으로 내보내는 찌꺼기를 말해요. '똥'과 같은 의미의 단어예요.

내 감자칩을 돌려줘!

지구 열탕화

"새로 나온 뽀짝감자칩 들어왔나요?"

나는 신상 감자칩을 꼭 먹어 보고 싶어서 어제부터 동네 편의점 투어 중이다. 딱 한 곳만 더, 한 곳만 더 하면서 찾다 보니 벌써 열 번째 편의점이다. 힘들어서 이제는 포기하고 싶은 기분이 들었다. 그때 스마트폰에서 알람이 울렸다.

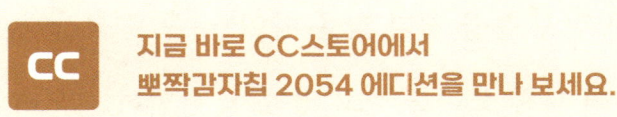

지금 바로 CC스토어에서
뽀짝감자칩 2054 에디션을 만나 보세요.

　CC스토어에서 뽀짝감자칩을 판다고? 그런데 2054 에디션이라니……. 뽀짝감자칩이 30년 후에도 살아남은 장수 과자가 된 거야? 이건 분명 엄청 맛있다는 증거다. 도저히 안 먹고는 못 배기겠어.

　나는 당장 CC스토어 앱을 실행했다. 과자 카테고리로 가서 감자 과자를 찾았다. 그런데 그동안 주문하던 화면과는 다르게 감자칩 종류가 몇 개 없었다. 편의점에서 감자칩을 고를 때는 너무 종류가 많아서 무엇을 사야 할지 결정하기 힘들었었는데, CC스토어에서는 너무 쉬웠다. 감자 과자라고는 뽀짝감자칩과 포포칩스밖에 없었기 때문이다.

　나는 뽀짝감자칩을 장바구니에 담았다. 구입 버튼

지구 열탕화　85

을 누르자마자 눈부신 빛이 뿜어져 나왔다. 앞이 보이지 않아 잠시 눈을 떴다 감은 사이, 나는 순식간에 CC스토어의 과자 코너를 걷고 있었다. 천천히 걸으며 이리저리 둘러보았다. 수많은 과자가 있었지만, 감자 과자는 눈에 띄지 않았다. 2024년에는 온라인 몰에도, 실제 가게에도 감자 과자가 가장 넓은 자리를 차지하고 있는데, 2054년의 메타버스 상점은 달라도 너무 달라졌다.

"찾았다!"

드디어 뽀짝감자칩 2054 에디션을 발견했다. 리본을 목에 두른 귀여운 감자 캐릭터가 봉지에 그려져 있었고, 그 아래에는 탄생 30주년 한정판이라고 쓰여 있었다.

"마지막으로 남은 건데 운이 좋네."

등 뒤에서 목소리가 들려와 뒤를 돌아보았다. 과자 봉지에 그려져 있던 감자 캐릭터가 내 눈앞에 아바타로 나타나 있었다. 감자 아바타는 내 곁으로 둥둥 떠서 다가오더니, 내 손에 있던 감자칩을 뒤집어 뒷면을 보여 주며 말했다.

"여기 성분 표를 읽어 봐."

"감자, 기름, 소금, 시즈닝…… 이상한 것은 없는데?"

아바타는 고개를 젓더니 감자 껍질 팔을 들어 함유량을 가리켰다. 나는 가리킨 곳을 살펴보았다.

"감자 1% 함유? 말도 안 돼! 이게 어떻게 감자칩이야? 진짜 감자칩은 통감자를 얇게 썰어 그대로 튀겨서 만드는 건데?"

아바타는 고개를 푹 떨구더니 힘없이 말했다.

"이제 우리나라에서 감자는 거의 사라져 버렸어. 전 세계적으로도 감자 생산량이 심각하게 줄어들었지."

"뭐라고? 감자는 아무 데서나 잘 자라서 먹을 게 많이 없던 시절부터 굶주리지 않게 해 준 음식이라고 우리 할머니가 그러셨거든? 지난번에 본 영화에서는 화성에서도 감자를 키우는 데 성공했던데?"

"맞아. 감자는 나쁜 조건에서도 잘 자라서 흉년이 들 때 큰 도움이 되는 구황 작물이지. 메마른 땅에서도 잘 자라지만, 지구가 점점 뜨거워지다 보니 감자도 견딜 수 없게 되어 버렸어. 지구 열탕화에 결국 굴복한 거지."

"열탕? 목욕탕에 가면 볼 수 있는 뜨거운 탕?"

"맞아. 사실 정확하게 말하면, 뜨겁다 못해 끓고 있는 탕을 의미하지."

"지구가 끓고 있다는 거야? 그 정도는 아닌데……."

"지구가 끓고 있다는 표현은 딱 네가 사는 시대인 2023년에 생긴 말이야. 그전까지는 '지구 온난화global warming'라는 표현을 많이 썼는데, 위기를 강조하기 위해 '지구 열탕화global boiling'라는 말을 쓰기 시작했어."

"그런데 사실 난 지금 지구가 끓고 있다 느껴지진 않아. 그냥 어른들 하는 말이 예전보다 덥다고 하니까 그런가 보다 하거든."

"끓는 지구라는 말을 쓰게 된 건 실제로 2023년 7월의 기온이 관측을 시작한 이후 최고로 높았기 때문이야. 관측하기 전까지 통틀어서 12만 년 동안의 지구에서 최고 수준이란 예측도 있어."

"도대체 예전보다 얼마나 뜨거워졌길래 끓는다는 말까지 하게 되었는지 궁금해."

"지구가 얼마나 뜨거워졌는지 기준을 잡을 때 산업 혁명 이전과 이후를 비교해. 산업 혁명이 시작되면서부터 화석 연료를 태우게 되고, 예전과는 다른 수준으로 기후 변화가 일어나기 시작했거든. 산업 혁명 이후부터 네가 사는 2020년대까지 지구의 평균 기온은 무려 1.1도나 상승했어."

"에계, 겨우 1.1도? 그 정도로 지구가 끓는 열탕이라는 말까지 쓰는 거야? 너무 과장된 것 같은데?"

"과장이라니! 30년 뒤인 지금은 1.5도 상승을 넘어 버렸다고! 그래서 감자까지 사라져 버렸는데 이게 뭐가 큰일이 아니라는 거야. 그렇게 아무렇지 않게 생각하니까 결국 지구가 이렇게 되고 만 거라고! 흑흑."

감자 아바타는 고개를 숙이고 흐느꼈다. 나는 감자 아바타에게 다가가 등을 토닥여 주었다. 단단하고 거칠거칠한 감자 껍질의 촉감이 느껴졌다. 어떤 땅에서도 잘 자랄 거 같은 이런 감자가 아주 조금의 기온 상승에도 자랄 수 없다니, 믿기지 않았다.

"지금보다 고작 0.4도를 넘겼을 뿐이잖아. 그런데 그게 그렇게 큰일이라고? 다른 이유가 있었던 거 아니야?"

감자 아바타는 고개를 들더니 공중에 화면을 띄웠다. 거대한 불덩이가 집어삼킨 숲, 북극 빙하가 녹아내리는 장면, 토네이도ⓒ가 집을 휩쓸고 가는 장면 같은 무시무시한 자연재해들이 연이어 나왔다. 나는 소름이 돋아 몸을 감싸며 물었다.

"이게 다 지구의 온도가 높아졌기 때문에 생긴다는 거야?"

"맞아. 1.1도나 1.5도, 이런 숫자들은 정말 작게 느껴지겠지만, 지구에서 벌어지는 무시무시한 기상 현상에 아주 큰 영향을 미치지. 지구 열탕화 현상을 막지 못한다면, 앞으로는 더 심한 홍수와 폭풍이 찾아올 거야."

"생각해 보니 그럴 만도 해. 내가 감기에 걸렸을 때 평소보다 체온이 딱 1도 올랐었거든? 그런데 정말 아프고 식은땀 나고 기운이 없더라고. 지구도 열날 때 먹을 수 있는 해열제가 있다면 좋을 텐데……."

"지구가 먹을 수 있는 해열제는 오직 지구인들의 실천뿐이야. 그래서 그 실천을 약속하려고 2015년에 세계 195개국이 모여서 '파리 협정'을 만들었지. 파리 협정은 지구 온도 상승 폭을 2도 아래로 막고, 1.5도를

◎ **토네이도**(tornado): 주로 미국 중남부 지역에서 일어나는 강렬한 회오리바람을 말해요.

2015년 파리 협정이 성사된 모습

넘지 않도록 노력하자는 내용을 담고 있어."

"그런데 감자가 사라진 거 보니 제대로 노력하지 않았나 봐. 감자가 1%밖에 안 들어간 감자칩은 가짜 감자칩이야. 내 감자를 돌려줘! 내 감자를 구해야 한다고! 어떻게 해야 하지?"

"아직 늦지 않았어. 네가 사는 2024년은 아직 1.5도 상승이라 결론짓기까지 시간이 남아 있어. 이제부터라도 지구의 온도를 높이지 않도록 노력해 봐. 그게 바로 네가 좋아하는 진짜 감자칩을 살릴 길이야. 개인의 실천도 중요하지만, 나라마다 정책을 통해서 지구 온난화를 막는 것도 무척 중요해. 우리 모두의 힘이 합쳐져야 지구의 온도 상승을 막고, 감자도 지킬 수 있게 되는 거야."

"그래. 나 결심했어. 감자를 지키기 위해서 내가 할 수 있는 것은 다 할래."

"좋아. 내가 하루에 한 번씩 네가 할 수 있는 일들을 알려 줄게. 지구의 열을 식히기 위해서 꼭 실천해 줘."

"알겠어. 그런데 말이야. 일단 딱 하나 남은 이 뽀짝감자칩 한정판은 내가 사 먹어도 될까? 얼마야? 남은 적립금으로 살 수 있는 거지?"

"감자가 1%밖에 들어가지 않았기 때문에 생각보단 저렴해. 5만 원이야. 적립금으로 결제할게."

감자가 이렇게 적게 들었는데도 5만 원이나 하다니. 정말 감자가 귀하긴 한가 보다. 얼마나 맛있는지 내가 한번 먹어 보고 평가해 주지. 나는 뽀짝감자칩 봉지를 뜯어 감자칩 하나를 꺼내 와그작 깨물었다. 바삭하게 부서지는 이 식감, 짭조름하면서 고소한 이 맛! 30년이나 잘 팔린 이유가 있는 맛이었다. 하지만 감자가 90% 이상 들어간 진짜 감자칩과 비교하면 어딘지 모르게 다른 맛이었다. 기술이 발달해서 원래 감자칩 맛과 비슷하게 만들었겠지만, 진짜 감자의 맛은 따로 있는 거다.

두 번째 감자칩을 베어 물었을 때 어디선가 더운 바람이 훅 끼쳤다. 순식간에 공기가 더워지고, 등줄기에서 땀이 주르륵 흘러내렸다. 금세 이마에서 땀이 뚝뚝 떨어졌다. 감자 아바타가 다가와 나의 땀을 닦아 주며 말했다.

"네가 느끼는 이 온도, 습도, 바람은 메타버스 밖 세상의 날씨란다. 꽤 덥지? 이제 네가 있던 곳으로 돌아갈 시간이야. 이 날씨를 기억하고, 최대한 더 더워지는 것을 막아 줘."

이마에 흐르는 땀을 닦느라 잠시 눈앞이 보이지 않았다. 손을 내렸을 때 나는 이미 CC스토어에 접속했던 2024년의 길거리에 서 있었다. 스마트폰의 진동음이 울려 깜짝 놀라 들여다보았더니 팝업 창이 나타났다.

> **CC** 감자를 사라지게 만든 지구 열탕화에 대해 더 알고 싶다면 다음 문제를 풀어 주세요.

CC스토어 퀴즈

Q. 세계 여러 나라는 지구가 더 뜨거워지는 것을 막기 위해 '파리 협정'을 만들었습니다. 파리 협정에 참여한 나라들은 이것을 줄이려는 목표를 스스로 제출하고 지키려고 하고 있는데요. 이것은 무엇일까요?

① 기후 변화　　② 온실가스
③ 일회용품　　④ 외식

기후 변화, 온실가스, 일회용품, 외식……. 다 줄이면 환경에 도움이 되는 것이잖아? 요새 쓰레기 문제가 심각하다던데, 일회용품을 줄이는 게 제일 중요하지 않을까? 답은 3번!

오답입니다. 정답은 2번, 온실가스입니다. 적립금은 지급되지 않습니다.
지구 열탕화에 대한 더 자세한 이야기를 알고 싶다면 클릭하세요. 추가 적립금을 드립니다.

에잇, 아깝다. 문제가 너무 어려웠어. 왜 온실가스를 줄이는 목표를 세우고 지키면 지구 열탕화를 막을 수 있는 건지 자세히 알아봐야겠어. 나는 다시 CC스토어에 접속하는 버튼을 꾹 눌렀다.

지식의 방

지구 온난화의 시대는 지난 거야? ▶

 '지구 온난화'라는 말은 많이 들어 봤을 거야. 영어로는 global warming, 지구가 따뜻해지고 있단 뜻이지. 그런데 온난이라는 말로는 부족할 정도로 지구가 뜨거워지기 시작하면서 '지구 가열화'라는 말이 새로 나왔어. 영어로는 global heating, 불을 땐다는 의미야.

 2019년에 영국 일간지 〈가디언〉에서 지구의 기온 상승이 급격하게 이루어지고 있다는 경각심˚을 일깨우기 위해서 '지구 온난화' 대신 '지구 가열화'라고 쓰자고 했어. 〈가디언〉은 '기후 변화climate change' 대신 '기후 비상사태climate emergency'나 '기후 위기climate crisis', '기후 붕괴climate breakdown' 등으로 용어를 바꾸기로 했어.

지구 열탕화가 뭐야? ▶

　2023년에는 온난화, 가열화보다 더 심각한 표현이 등장했지. 지구가 끓고 있단 말을 쓰기로 한 거야. 영어로는 global boiling, 우리말로 옮기면 '지구 열탕화' 또는 '지구 열대화'라고 해.

　"지구 온난화 시대가 끝나고 끓어오르는 지구 열탕화 시대가 시작되었다." 2023년 7월 27일에 열린 유엔 본부 브리핑에서 안토니우 구테흐스 유엔 사무총장이 한 말이야. 이렇게 무시무시한 말을 한 건 다 이유가 있어.

　세계기상기구의 발표에 따르면, 2023년 7월의 지구 표면 평균 기온은 16.95도였어. 이 수치는 1940년에 관측을 시작한 이래로 가장 높아. 이전의 최고 기

◎ **경각심**: 정신을 차리고 주의 깊게 살피어 경계하는 마음을 뜻해요.

사하 공화국의 베르호얀스크

록이 2019년 7월의 16.63도였는데 그보다도 0.32도 높은 수치지. 과거에는 최고 기온 기록을 깰 때 작게는 0.01에서 커 봤자 0.1도 단위로 차이가 났었거든. 그런데 2023년에 이렇게 이전의 기록과 차이가 벌어진 건 정말 놀라운 일이지.

지구가 얼마나 뜨거워지고 있는데?

　지구가 얼마나 뜨거워지고 있길래 계속 용어를 바꿔 가면서 강조하고 있는 걸까? 가장 심하게 뜨거워지고 있는 곳을 예로 들어 볼게.

　러시아의 동쪽 끝에 있는 사하 공화국의 베르호얀스크는 세계에서 가장 추운 도시로 불려. 그런데 2020년 여름에는 베르호얀스크의 기온이 38도 가까이 올랐어. 같은 날 서울보다도 더 더웠대. 1885년 관측을 시작한 후부터 한 번도 없었던 최고 기록이지.

　베르호얀스크는 북극권 시베리아 지역에 있는 도시라 겨울에는 보통 영하 50도 아래까지 떨어지고, 무려 영하 67.8도까지 기록한 적도 있어. 여름에는 10~20도 정도로 선선한 날씨가 유지되던 곳인데, 거의 40도에 가까운 기온이라니 정말 상상도 못 했던 일이지.

　이렇게 북극권은 지구 다른 곳보다도 2배 이상 빠

르게 뜨거워지는 중이야. 지난 100년간 평균 온도가 2~3도 정도 올랐고, 최근 10년 사이에는 0.75도 정도 상승했어. 어때? 이 정도면 온난화가 아니라 열탕화라 부를 만하지?

의문의 방

파리 협정에서 온실가스를 줄이기로
약속했다는데, 온실가스가 뭐야? ▶

    우리가 사는 지구의 주변은 '온실가스'라 부르는 기체가 둘러싸고 있어. 주로 이산화탄소, 메탄, 아산화질소 등이야.
    이런 기체들은 마치 온실의 유리처럼 지구를 감싸고, 지구에서 나오는 열과 지구 바깥쪽의 열을 흡수하고 반사하지. 그러면서 지구의 온도를 너무 뜨겁지도, 차갑지도 않게 하는 역할을 하고 있어. 이것을 '온실 효과'라고 해.

그럼 온실 효과가 있어서 지구의 온도가 잘 조절되고 있는 거잖아. 그런데 왜 온실 효과가 나쁘다고 하지? ▶

온실 효과는 무조건 나쁜 게 아니라, 사실 우리에게 꼭 필요해. 그런데 문제는 온실 온도를 조정하는 기능이 제대로 작동하지 않고 뜨거운 온실로 변해 간다는 거야.

온실이 뜨거워지는 이유가 먼데? ▶

뜨거운 온실이 되는 이유는 온실가스가 너무 많아져서 농도가 짙어지기 때문이야. 그러면 방출하는 에너지가 지구 바깥으로 빠져나가지 못하고 꽉 붙잡히게 돼. 결국 땅과 공기가 점점 뜨거워지게 되지.

온실가스가 왜 많아지는데?

안타깝게도 바로 인간 때문이야. 석유나 석탄 같은 화석 연료를 쓰고 산업화라는 이름으로 무분별한 개발을 하면서 온실가스를 쉼 없이 뿜어냈지. 지금부터라도 온실가스를 줄이는 노력을 해야만 지구가 더 뜨거워지지 않게 막을 수 있어.

산업 혁명 이전과 비교해서 지구의 온도를 1.5도 이상 올리지 않게 하려고 약속했다고 했잖아? 그럼 약속을 못 지켜서 더 뜨거워지면 어떻게 돼?

지금 상황대로 간다면, 2100년에는 지구 온도가 3도 이상 높아질 거야. 그러면 북극해의 그린란드 빙하는 이미 녹아 없어지고, 땅이 물에 잠겨 살 곳을 잃어버리는 사람도 많아지겠지. 사람들이 먹어야 할 작물의 재배량이 줄어들면서 식량을 확보하기 위한 싸움

방글라데시의 한 마을과 들판이 홍수로 인해 물에 잠긴 모습

도 벌어지겠지. 만약 북극과 남극이 완전히 녹게 되면 메탄이 어마어마하게 생길 테고, 그러면 결국 대멸종이 시작돼. 인간의 역사가 이대로 끝날 수도 있단 이야기야.

소멸의 방

감자가 사라진다고?

어떤 감자가 맛있는 감자, 좋은 감자일까? 구수하면서도 달콤한 맛, 부드러우면서도 포슬포슬한 식감, 기왕이면 큰 크기, 게다가 보관도 쉽다면 좋겠지?

인간은 누구나 좋아하는 감자를 생산하기 위해서 감자를 품종 개량했어. 못생기고 맛이 떨어지는 감자는 점점 사라지고, 예전보다 감자 품종이 훨씬 적어졌지. 품종이 단순해지니까 대량 생산을 하기 쉬워졌어. 몇 가지 감자 품종의 특성에 맞춰서만 농사를 지으면 되니까 말이야.

그런 상황에서 지구 열탕화가 심해지면 어떻게 될까? 감자는 열 스트레스에 매우 민감한 작물이라 해를 너무 오래 쬐고 기온이 높아지면 곧바로 감자 수확에 문제가 생겨. 기온이 25도 이상일 경우에는 재배하기가 어렵고, 1도씩 오를 때마다 생산량이 5%씩 감소한대.

이전의 환경에 맞게 개량된 감자가 더 높아진 온도에 적응하지 못한다면? 그래, 결국 그 품종은 모조리 사라지고 마는 거야. 특정 환경에만 적응한 단일 유전자 감자는 조건이 달라지면 멸종 위기에 처하는 거지.

그런데 실제로 감자의 소멸은 현실이 되고 있어. 우리나라에서 가장 많이 재배되는 감자 품종인 수미는 고온으로 인한 기형 발생률이 아주 높아.

그래서일까? 우리나라의 봄철 감자 생산량은 2019년 46만 5,900톤에서 2020년 37만 6,300톤으로 19% 넘게 줄었어. 같은 기간에 감자 재배 면적도 10%가 넘게 감소했지.

감자의 원산지인 남아메리카 안데스산맥

우리나라 감자가 사라지면 수입해서 먹으면 안 돼? ▶

　우리나라에만 이런 위기가 다가온 것은 아니야. 감자의 원산지인 남아메리카 안데스산맥에서는 예전에 해발 3,000m 지역에서 재배했던 감자 품종을 지금은 그보다 더 높은 고도에서 재배하고 있거든.

국제감자센터CIP는 이대로 지구의 기후 변화가 계속된다면, 2060년에는 감자 생산량이 68% 감소할 것이라고 예측했어. 감자의 소멸을 막기 위해서 지구 열탕화의 속도를 줄여야 할 때야.

부활의 방

감자를 살려 줘!

감자의 원산지인 페루에는 국제감자센터가 있어. 이곳에는 전 세계에 있는 수천 가지의 감자 종자를 보관하는 유전자은행이 있지. 국제감자센터에서는 다양한 감자 종자를 연구하면서 기후 위기에도 잘 자랄 수

있는 새로운 감자 종자를 만들기 위해 노력하고 있어.

브라질 농업 회사 엠브라파에서도 국제감자센터에 보관된 야생 감자를 연구하고 있어. 다양한 유전자를 조합해서 지구 열탕화 상황을 이겨 낼 강한 감자 품종을 개발하겠다는 계획이지.

이렇게 감자 연구가 활발한 재미있는 이유가 있어.

감자는 참 신기한 작물이기 때문이야. 감자는 지구가 뜨거워지면 잘 자라기 어렵지만, 지구를 뜨겁게 만드는 온실가스에는 강력한 힘을 가졌거든.

대표적인 온실가스인 이산화탄소의 농도가 증가하면 감자는 오히려 잘 자란다는 사실이 최근에 밝혀졌어. 그러니까 높은 온도에 견딜 수 있는 품종을 개발하면 훌륭한 미래 식량이 될 수 있어. 기후 위기 시대에도 살아남을 작물이 될 수 있다는 희망이 있고, 먼 미래에는 우주에서도 자랄 수 있을 거래. 국제감자센터와 미국항공우주국NASA이 함께 실험했는데 화성과 비슷한 환경에서 감자가 잘 자랐거든.

우리나라에서도 새로운 감자 품종을 열심히 개발하고 있어. 튀김용으로 좋은 얼리프라이, 현재 가장 많이 재배하는 수미를 대신할 수 있는 다미, 가을 재배용으로 좋은 은선과 금선, 갈변◎이 느린 골든볼 같은 다양한 감자 품종이 개발되었지.

뜨거워지는 지구의 온도에도 잘 견딜 수 있는 감자

를 만드는 것과 동시에, 더는 지구를 뜨겁지 않게 만드는 일도 중요하겠지? 감자를 지키기 위해 함께 노력해 보자고!

◎ **갈변**: 과일이나 채소 등을 칼로 깎았을 때, 그 부분이 갈색으로 변하는 일을 말해요.

04

생일 한정판 미역국

해양 산성화

달그락달그락, 치익치익, 보글보글……. 여러 소리가 방문 너머에서 들려온다. 눈을 떠 시계를 보니 오전 7시 30분이다. 아직 학교에 가려면 한참 남았는데, 이게 무슨 일이지? 늘 간단하게 아침을 차려 먹기 때문에 이런 날은 한 해에 몇 번 없다. 예를 들면 생일이라든가…….

빼꼼히 방문을 열었더니 맛있는 냄새가 확 끼쳐 온다. 고소한 기름 냄새, 짭조름한 냄새, 그리고 주방을 가득 채운 이 냄새는…… 바로 미역국이다! 그런데 살짝 냄새가 이상한데?

"오늘 아침 메뉴는 미역국이에요? 맛있겠다."

"어, 일어났니? 그런데 큰일이야. 미역국 못 먹게 생겼어. 엄마가 미역을 볶다가 잠깐 다른 일을 하는 사이에 미역이 홀라당 타 버렸지 뭐니. 그것도 모르고 물을 부었더니, 국물에서 쓴맛이 나서 안 되겠어."

나는 물끄러미 탄 미역국을 바라보다가 불현듯 오늘이 며칠인지 생각해 봤다. 슬금슬금 스마트폰을 켜고 날짜를 확인했다. 으악, 오늘은 사랑하는 우리 엄마의 생신이다. 비상이다, 비상이야. 어떡하지? 아무것도 준비하지 않았는데……. 게다가 타 버린 미역국처럼 새까맣게 까먹고 있었다니……. 엄마, 죄송해요.

"어서 씻고 와. 아침 먹게."

"네, 조금만 기다리세요."

나는 얼렁뚱땅 대답하고 허둥지둥 내 방으로 다시 돌아왔다. 스마트폰 속 CC스토어 앱 아이콘을 노려보던 나는 해답을 찾았다. 그래, 지금 엄마를 기쁘게 할 수 있는 음식은 바로 미역국이야!

CC스토어에 접속하는 동안에는 지금 세상의 시간은 잠시 멈추니까 다행이다. CC스토어에서 주문한 30년 뒤 미래의 미역국을 엄마에게 드리면, 신상품이냐면서 정말 좋아하시겠지? CC스토어를 열고 레토르트 식품◎ 코너로 갔다. 국, 찌개 종류를 선택하고, 미역국 카테고리로 들어갔다.

소고기 미역국, 오징어 미역국, 그냥 미역국……. 우리 엄마는 조개 미역국을 좋아하시는데, 그건 없네. 그럼 다른 걸로 선택하고……. 어? 이게 뭐지?

상품명을 누르자마자 팝업 창이 떴다.

◎ **레토르트**(retort) **식품**: 조리나 가공한 식품을 밀봉한 후 고온에서 가열·살균한 식품이에요. 저장을 목적으로 만들어져서 오래 보관할 수 있어요.

 본 상품은 생일을 맞은 분만 주문 가능합니다.
신분증을 준비해 주세요.

뭐라고? 미역국을 주문하는데, 왜 신분증이 필요하지? 아, 생일을 확인하려고 그러는구나. 그런데 미역국을 생일에만 먹는 건 아니잖아. 설마 30년 뒤에는 생일 때만 미역국을 먹을 수 있는 걸까? 무슨 의미인지 몰라서 정말 황당했다. 나는 채팅 창을 열어 메시지를 보냈다.

> 너무해요. 생일을 맞은 사람에게 미역국을 주고 싶으면 어떻게 해야 하나요?

> 선물용 메뉴가 따로 있습니다.
> 선물 카테고리의 한정판 코너를 찾으세요.

얼마나 특이한 미역국이길래 생일에만 주문이 되고 선물용 한정판까지 파는 걸까? 궁금해서 참을 수가 없었다. 바로 선물 카테고리를 찾아 한정판 미역국을 장바구니에 담는 순간, 나는 역시나 30년 뒤의 메타버스 가게인 CC스토어 안으로 들어오게 되었다.

순식간에 이동한 곳은 놀랍게도 바닷속이었다. 신기했다. 나는 산소마스크를 쓰지 않았는데도 마치 물고기가 된 것처럼 아주 자유롭게 이리저리 헤엄칠 수 있었다. 바위틈에는 이곳에서 파는 상품들이 둥실둥실 떠 있었다. 각종 생선이며 해조류는 물론이고, 해산물로 만든 다양한 음식까지 셀 수 없이 많았다. 아, 저기 미역국 봉지도 보인다!

"어서 오세요. 생일 선물로 미역국을 사겠다는 기특한 어린이 맞나요?"

등 뒤에서 들리는 소리에 뒤를 돌아보니, 몸을 온통 미역으로 치장한 키가 큰 아바타가 나를 바라보고 있었다. 긴 미역이 나풀나풀 흘날려 꼭 드레스 같았다. 아름답기도 하고 조금은 우스꽝스럽기도 했다. 나도 모르게 한참을 바라보고 있다가 문득 정신을 차리고 물었다.

"그런데 미역국이 왜 한정판이에요? 왜 생일에만 먹을 수 있는 거지요? 너무 비싸서? 귀해서? 사라져 버려서?"

아바타는 미역 옷깃을 여미더니 숨을 고르고 대답했다.

"그것은 해양 산성화 때문이지요."

"해양 산성화요?"

"네, 해양 산성화. 바다가 산성을 띠게 된다는 뜻이지요. 산성과 염기성에 대해서는 들어 봤나요?"

"아! 알아요. 학교에서 리트머스 시험지로 실험도 해 봤어요. 식초는 산성, 비눗물은 염기성! 아니 그러면 해양 산성화는 바다가 식초처럼 신맛이 난다는 거예요? 말도 안 돼!"

"아, 물론 바다가 신맛이 날 정도로 강한 산성을 띤

해양 산성화 연구를 위해
데이터를 수집하는 모습

다는 의미는 아니에요. 바다는 원래 pH(수소 이온 농도) 8 수준으로 약염기성이거든요. 어마어마하게 넓은 바다가 중성 상태인 pH 7까지 가는 것도 아주 힘들어요. 중성을 넘어서 산성까지 가는 건 현실적으로 있을 수 없는 일이지요. 실제로 산성인 건 아니지만, 점점 pH가 감소해서 염기성이 줄어드는 현상을 통틀어 해양 산성화라고 한답니다."

"아, 실제로 산성은 아니지만 점점 산성의 방향으로 가고 있다, 그 뜻이지요?"

"맞아요. 역시 미역국을 생일 선물로 고르는 아이답게 아주 똑똑하군요."

"미역국이랑 똑똑한 게 어떻게 연결이 되는 건지는 모르겠지만……. 그런데 왜 바다가 산성의 방향으로 가고 있는 거예요? 그리고 그게 왜 미역이랑 연관이 있나요?"

미역 드레스를 입은 여인이 손짓하자, 내 앞에 아주 커다란 지구본이 떠올랐다. 여인은 지구본을 빙빙 돌리며 나에게 물었다.

"바다가 지구 표면의 몇 %를 차지하고 있는지 아나요?"

"얼핏 봐도 반은 넘는 것 같네요."

"바다는 지구 표면의 70% 이상을 차지하고 있어요. 이렇게 넓은 바다가 하는 역할 중 아주 중요한 게 하나 있어요. 바로 대기 중의 이산화탄소를 흡수하는 거예요."

"어? 이산화탄소는 온실가스잖아요. 그럼 바다가 온실가스를 흡수해서 온실 효과를 줄여 주는 역할을 하는 거네요?"

"맞아요. 바다가 지금보다 더 좁았다면 기후 변화는 더 빨리 생겨났을지도 몰라요. 그런데 문제는 대기 중의 이산화탄소가 점점 많아지면서 생겨났어요. 바다가 이산화탄소를 너무 넘치게 흡수하게 되었지요. 이산화탄소가 바닷물에 들어가면 탄산이 되는데, 탄산의 농도가 점점 높아졌고 결국 산성이 강해졌어요. 그렇게 산성의 방향으로 pH가 감소하는 해양 산성화가 생긴 거예요."

"온실가스가 너무 많이 발생해서 바다도 한계가 생긴 거네요."

나는 지구본에 손을 뻗어 바다를 만져 보았다. 파도치는 느낌이 손등에 전해졌다. 그런데 방금 들은 이야기가 생각나서일까? 마치 바다가 몸부림치는 듯한

느낌이 들었다. 미역 드레스를 입은 여인도 나를 보며 슬픈 표정을 지었다. 여인의 미역이 푸르르 떨리는 모습을 바라보다가 문득 떠올랐다. 그래! 미역! 미역이 도대체 무슨 상관인지를 물어보지 않았다.

"그런데 해양 산성화와 미역국이 무슨 관계예요? 생일에만 먹을 수 있게 한 것은 미역이 귀해져서인가요? 설마 미역 한 줄기에 100만 원?"

"아니에요. 그 반대예요. 미역은 정말 많아졌답니다. 너무 잘 자라서 문제일 정도로요. 미역 같은 해조류는 이산화탄소를 빨아들이면서 더 잘 자라는 특성이 있거든요. 그래서 해조류가 해양 산성화를 막을 수 있는 해법이라고 말하는 사람까지 있어요."

"그런데 왜 생일에만 먹을 수 있어요? 한정판은 또 뭐고요?"

"해양 산성화된 바다에서 무럭무럭 자란 미역에는 요오드 성분이 너무 많기 때문이에요. 요오드를 너무 많이 먹게 되면 갑상샘암이 생길 수 있어서 2054년인

이곳에서는 국가적 차원에서 제한하고 있어요. 한 사람당 1년에 딱 열 번만 주문할 수 있지요. CC스토어에서는 생일에만 한정판으로 주문할 수 있게 시스템을 만들었어요. 생일에 미역국은 못 참으니까요. 호호호호."

"잘 자라는 건 좋은데 요오드가 문제네요. 오늘 한 그릇만 먹는 건 크게 문제없겠지요?"

"그럼요. 게다가 CC스토어에서 파는 미역국은 요오드 함량이 적은 최상급 미역으로 만들어졌답니다."

"그럼 일단 급하니까 제가 주문한 미역국을 어서 주세요. 엄마 생신이거든요."

여인은 내 말을 듣자마자 내 손을 잡고 판매대가 있는 곳으로 나를 이끌었다. 이리저리 해류에 떠밀려 도착하니 각종 레토르트 미역국들이 둥실둥실 떠

◎ 해류: 일정한 방향과 속도로 이동하는 바닷물의 흐름을 말해요.

있었다. 어떤 미역국을 고를까 고민하다 보니 아까부터 궁금했던 점이 떠올랐다.

"조개 미역국은 없나요? 우리 엄마는 그걸 제일 좋아하시는데……."

"조개는 미역과 반대로 해양 산성화된 바다에서는 살아남기가 힘들어요."

"그래요? 그러면 조개는 사라졌어요?"

"멀쩡한 조개는 아주 비싸요. 조개껍데기는 pH 농도가 낮아지면 녹아 버리는 성질이 있거든요. 해양 산성화 때문에 단단한 껍데기가 흐물흐물 녹아 버리는 병에 걸리기도 하고, 제대로 자라지 못하면서 바지락이나 굴 같은 조개류는 사라질 위기에 처했어요."

"조개는 미역처럼 요오드 성분이 많아지진 않았나요?"

"관련이 있어요. 조개는 해조류를 먹고 살거든요. 요오드 성분이 많아진 해조류를 섭취하면, 당연히 조개도 요오드 성분이 많아지겠지요?"

나는 오징어 미역국을 집어 들었다. 오징어 미역국은 본 적이 없지만, CC스토어에서만 살 수 있는 특이한 미역국인 것 같은 느낌이 들어서다. 여인은 오징어 미역국을 보더니 고개를 끄덕이며 말했다.

"오징어는 해양 산성화된 바다에 적응을 잘해서 아주 많이 잘 살고 있어요. 오징어 미역국은 2만 원입니다. 적립금으로 결제하겠습니다."

여인이 말을 마치자마자 내 주변을 둘러싼 바다가 울렁거리더니 순식간에 파도가 밀려나듯 사라져 버렸다. 나는 CC스토어에 접속했던 내 방 침대에 덩그러니 앉아 있었다.

"어서 아침밥 먹으라니까!"

엄마의 외침이 들렸다. 나는 방문을 열고 손에 쥔 미역국 봉지를 내밀었다.

"엄마, 생신 축하해요. 여기 맛있는 미역국이 도착했어요!"

엄마의 눈이 휘둥그레지더니 미역국에 적힌 글씨

를 보고는 눈이 더 커졌다.

"오징어 미역국? 너 이거 어디서 났니?"

"어디서 나긴요. 엄마 생신이라 특별히 구해 왔지요!"

어리둥절한 엄마가 미역국을 뜯어 끓이는 사이, 나는 스마트폰 알림 창을 살펴봤다.

 생일 한정판 미역국이 탄생한 이유인 해양 산성화에 대해 더 알고 싶다면 다음 문제를 풀어 주세요.

CC스토어 퀴즈

Q. 바닷물이 산성화되면 저주파 음파의 흡수율도 약해집니다. 그래서 음파를 이용해 서로 소통하고 먹이를 찾는 이 생물들 역시 심각한 영향을 받게 되는데요. 이 생물은 무엇일까요?

① 참치 ② 고래
③ 고등어 ④ 가자미

저주파 음파로 소통하는 바다 생물이라……. 그래, 생각난다! 저주파 노래를 부르며 짝을 찾다가 배가 지나가는 동안에는 잠깐 노래를 멈추는 고래 이야기를 동영상으로 본 적이 있다! 답은 2번, 고래!

정답입니다.

해양 산성화로 인해 저주파 음파의 흡수율이 약해지면 배의 엔진 소리 같은 주변의 소음이 더 멀리, 크게 전달되기 때문에 고래들이 방해를 받습니다.

해양 산성화로 인해 생겨나는 문제들이 생각보다 참 많구나. 생일에 한정판 미역국을 먹는 것 정도는 사소한 불편함이었어. 해양 산성화에 대해서 더 깊게 알아봐야겠다.

지식의 방

해양 산성화가 뭐야?

바다는 대기 중의 이산화탄소를 흡수하는 성질이 있어. 무려 전체 이산화탄소의 25% 정도를 바다가 빨아들이지. 바다에 녹아든 이산화탄소는 물 분자와 반응해 탄산을 만들어. 탄산이 물에 녹으면 수소 이온이 많이 생겨나고 결국 pH가 점점 낮아지게 돼. 이런 현상을 '해양 산성화'라고 불러.

하지만 해양 산성화는 바다가 실제로 파란 리트머스 시험지를 붉게 만들 정도로 산성을 띠게 된다는 의미는 아니야. 예전보다 산성의 방향에 조금 더 가까워

엄청난 양의 탄소를 배출하는 공장

지고 염기성에서 점점 멀어지는 것을 의미하지.

산업 혁명 이후 엄청나게 배출된 이산화탄소를 쉼 없이 빨아들였던 바다가 이제 한계에 다다라 힘들어하고 있어. 해양 산성화의 속도는 점점 더 빨라지고, 이로 인한 피해도 심각해지고 있지.

해양 산성화

의문의 방

해양 산성화는 얼마나 심각해? ▶

바다의 pH는 산업화 이전에는 평균 8.2였어. 그런데 현재는 8.1 정도로 0.1pH가 낮아졌대.

에이, 0.1 정도 낮아진 거면 별로 심각한 건 아니잖아? ▶

그렇지 않아. pH가 0.1 낮아졌다는 것은 산도를 결정하는 수소 이온의 농도가 이미 30%나 증가했다는 것을 의미해. 이런 변화는 산업화 이전에 20만 년 동안 이루어진 것보다 100배 정도 빠른 추세야. 엄청나게 심각한 거지.

현재 바다는 지난 80만 년 동안 가장 낮은 pH 값을 가진 상태야.

정말 큰일이구나. 해양 산성화는 전 세계적으로 일어나고 있는 거야?

당연히 전 세계적으로 일어나고 있지. 하지만 지역에 따라 조금씩 차이가 있어. 전 세계 바다 중에서 가장 심각한 지역은 지중해야. 지중해는 해마다 7%씩 산성화가 진행되고 있대.

북극도 문제야. 지구가 뜨거워지면서 북극권의 해빙이 녹아내리고 바다의 면적이 늘어났어. 그러자 더 많은 양의 이산화탄소가 바닷속으로 흡수되었지. 해양 산성화의 속도가 더 빨라져 버린 거야. 북극해의

◎ 해빙: 바닷물이 얼어서 생긴 얼음을 말해요.

빠른 속도로 산성화가 진행되고 있는 지중해

해양 산성화 속도는 다른 곳보다 무려 3~4배가 빠르다는 충격적인 연구 결과도 있어.

남극에는 바다 달팽이라는 생물이 사는데, 해양 산성화된 바다에서는 살아남기 힘들대. 앞으로 닥칠 것으로 예상되는 정도의 pH를 가진 바닷물에서 바다 달팽이가 힘없이 녹아 버린 실험 결과도 있어.

그럼 우리나라는 어때?
우리나라는 아직 안전한 거야? ▶

우리나라 국립수산과학원의 발표를 보면, 우리나라에서도 전 세계 대양과 비슷한 수준으로 해양 산성화가 진행되고 있대. 우리나라는 10년 동안 pH가 0.019 감소했어. 절대로 안전하지 않아.

특히 대륙에 잇닿아 있는 연안에서는 해양 산성화가 더 잘 진행돼. 대기 중의 이산화탄소뿐 아니라 인간이 만들어 내는 다양한 원인이 함께 작용하기 때문이야. 삼면이 바다로 둘러싸인 우리나라는 더 민감하게 해양 산성화를 연구할 필요가 있어.

해양 산성화라는 문제가
이렇게 심각한지 몰랐어. ▶

해양 산성화는 다른 환경 문제와는 약간 느낌이 다

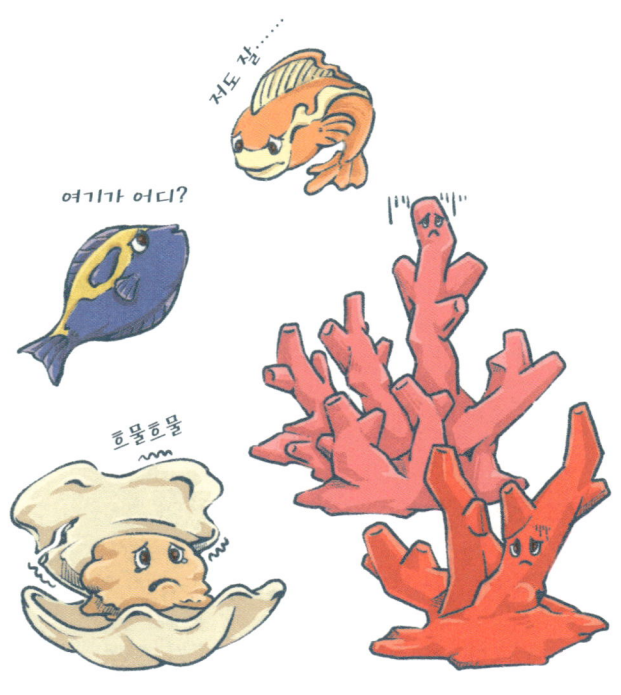

르지. 미세 먼지처럼 직접 피부에 와닿는 문제는 아니니까 말이야. 우리의 일상과 멀리 떨어진 바다에서 아주 천천히 일어나는 문제이고, 바다 깊은 곳에서 벌어지는 일이라 연구하기도 쉽지 않아. 하지만 현재 해양 산성화는 빠른 속도로 진행 중이야. 지금이라도 해양 산성화의 속도를 늦출 수 있도록 대책을 세워야 해.

소멸의 방

해양 산성화가 되어도
바닷물이 산성을 띠지는 않는다고 했잖아?
그렇다면 뭐가 문제인 거야? ▶

　해양 산성화로 벌어지는 문제는 가장 먼저 바다 생물들에게 일어나. 그중에서도 특히 딱딱한 껍데기를 가진 조개류의 피해가 커. 정상 수치보다 산성이 강한 바닷물에서는 탄산칼슘으로 이루어진 껍데기가 연해지거나 녹아 버릴 수 있거든.

　바다 생물들에게 산소를 공급하는 역할을 하는 산호도 마찬가지야. 골격이 제대로 만들어지지 않거나 녹아서 산호가 죽어 버릴 수 있지. 산호에 붙어 살던 해조류들이 살 수 없게 되면서 산호의 색깔이 하얗게 변해. 이것을 '백화 현상'이라고 해. 백화 현상이 일어난 산호초는 다시 바닷물이 정상이 되더라도 되돌아오는 데 10년 이상이 걸린대.

해양 산성화가 계속되면 바다에서 조개와 산호가 살 수 없다는 거지? 다른 문제는 없을까? ▶

조개든 산호든 한 종류가 없어진다고 해도 거기서 끝나는 게 아니야. 이것이 문제의 핵심이야. 바닷속 생태계 역시 아주 작은 생명체부터 아주 큰 동물들까지 먹이 그물로 서로 얽혀 있거든. 만약 조개가 사라지면 조개를 먹고 사는 문어나 새까지 살기 어려워지겠지. 산호를 오가며 살아가는 수많은 물고기와 바다 생물도 갈 곳을 잃어버릴 거야.

어린 열대어가 해양 산성화된 바다에서 살면 위치 감각에 장애가 생기고 후각이 약해져서 다른 생물에게 쉽게 잡아먹힐 것이라는 연구도 있어. 바닷속에서 이런 일들이 생기면 결국 해양 생태계 전체가 무너질 수밖에 없어.

부활의 방

미역이 바다를 구한다고?

프랑스 잡지 〈르 몽드〉에 '지구를 위해 해조류를 요리하는 한국'이라는 제목의 기사가 실린 적이 있어. 한국인들이 전 세계에서 해조류를 가장 많이 요리해 먹으며 지구 온난화에 맞서 싸우고 있다는 내용이었지. 정작 한국인인 우리는 이 기사의 제목을 보고 고개를 갸우뚱했어. 지구를 위해 해조류를 먹은 게 아니라 그냥 맛있어서 먹은 사람이 더 많을 테니까 말이야.

해조류는 진짜로 지구를 지키는 능력이 있대. 왜 그런지 알아볼까?

해조류의 별명은 바다 숲이야. 광합성을 통해 바닷속의 이산화탄소를 흡수하고, 산소를 공급하는 역할을 하기 때문이야. 우리나라 주변에 사는 해조류를 분석해 보니까 파래 1톤이 흡수하는 이산화탄소량은 단풍나무 한 그루의 이산화탄소 흡수율보다 3배 이상 높았대.

또 해조류는 주로 암석이 많은 곳에서 살기 때문에 해조류가 빨아들인 이산화탄소는 다시 바닷물에 섞이지 않고 바다 깊숙이에 쌓일 가능성이 커. 이런 특성 때문에 바다에 해조류가 많으면 점점 더 심해지는 해양 산성화를 막아 줄 수 있을 거라는 기대가 있어.

다만 해양 산성화가 심해진 바다에서 자란 해조류는 요오드 함유량이 많이 증가하게 돼. 그래서 이런

바다에서 자란 해조류를 많이 먹으면 우리 몸의 갑상샘에 병이 생길 수 있다는 연구가 있지. 그러면 지금과 같은 양의 미역을 먹어도 오히려 건강을 해칠 수도 있어.

바다도, 인간도 함께 살 수 있도록 해양 산성화의 속도를 늦추고 건강한 바다를 만들기 위해 노력해야 해.

쌀밥을 찾아라!

물 발자국과 사막화

학원 수업을 마치고 집에 돌아오니 현관 앞에 쌀 포대가 놓여 있었다. 얼마나 무겁고 큰지 내 힘으로는 꿈쩍도 하지 않았다. 나는 집으로 들어서자마자 외쳤다.

"바깥에 엄청나게 큰 쌀 포대가 왔어요!"

마침 일찍 퇴근한 아빠가 나오며 말했다.

"아이고, 올해도 어김없이 이모할머니가 쌀을 보내셨나 보네. 벌써 벼를 수확할 계절이구나. 감사하다고 전화해야겠다."

쌀 포대는 어찌나 거대한지 아빠도 낑낑댈 정도였다. 아빠는 힘겹게 들고 온 쌀 포대를 거실 한가운데에 내려놓았다. 숨을 몰아쉬던 아빠는 이모할머니에게 전화를 걸었다.

"이모, 쌀 잘 받았어요. 힘드신데 이제 농사는 그만 지으시라니까요. 네. 네. 그럼요. 아이고, 그러니까요. 네. 네. 감사합니다. 이모 생각하면서 맛있게 잘 먹을게요."

"아빠, 할머니가 뭐라고 하세요?"

"응, 올해는 가뭄이 들어서 농사하실 때 엄청나게 고생하셨다는구나. 이제는 그만 쉬셔도 좋으련만. 그래도 이모할머니 덕분에 올해도 이렇게 맛있는 햅쌀을 먹을 수 있게 되어서 정말 감사하지. 햅쌀 때깔 한번 구경해 볼까?"

◎ **햅쌀**: 그해에 새로 난 쌀을 말해요.

아빠가 포대 입구를 뜯자 뽀얀 쌀알이 보였다. 어찌나 깨끗하고 반짝반짝한지 생쌀만 봐도 입맛이 돌 지경이었다. 아빠는 두 손으로 쌀을 한 움큼 들어 보이며 말했다.

"오늘은 엄마가 늦게 들어온다고 했으니까 아빠 솜씨로 밥을 지어서 저녁을 먹어 볼까?"

아빠는 쌀을 한 바가지 퍼서 살살 씻은 다음 전기밥솥에 넣고 밥 짓기 버튼을 눌렀다. 평소 같으면 '취사를 시작합니다.' 이런 음성이 나와야 하는데 아무 소리도 나지 않았다. 그제야 요 며칠 엄마가 냄비 밥을 하던 것이 문득 생각났다. 당황한 아빠가 말했다.

"맞다. 전기밥솥이 고장 났었지. 아빠는 냄비 밥은 자신이 없는데 어쩌지? 맛있는 햅쌀밥을 먹으려고 했는데 이것 참 마음대로 안 되는구나. 안타깝지만 햅쌀 개시는 내일로 미루고, 오늘은 즉석 밥을 먹어야겠다."

아빠는 즉석 밥을 꺼내려고 찬장을 열었다. 하지

만 그곳에는 즉석 밥이 없었다. 내가 며칠 전에 라면 국물에 말아 먹었기 때문이다. 하지만 문제없다. 이럴 때 쓸 수 있는 CC스토어가 있으니까! 나는 아빠에게 말했다.

"아빠, 잠깐만요. 제 방에 즉석 밥을 몇 개 뒀던 것 같아요."

"그래? 천만다행이다. 어서 가져와라."

나는 내 방으로 들어가 문을 꼭 닫고 CC스토어 앱을 실행했다. 즉석식품 카테고리로 가서 즉석 밥 카테고리로 들어갔는데, 어? 이상하다. 쌀밥이 보이지 않았다. 이리저리 뒤지고 검색해 봐도 쌀밥은 보이지 않았다. 설마 30년 뒤에는 쌀도 사라져 버린 걸까? 아니, 쌀 없이 어떻게 살라고!

나는 곡식 카테고리로 들어가 보았다. 다행히 쌀을 판매 중이었다. 그런데 한 끼 먹을 정도의 적은 용량뿐이었고 '가격 문의'라고 쓰여 있었다. 일단 쌀을 장바구니에 담았다. 곧바로 CC스토어의 메타버스 세계로 이동했다.

나는 드넓게 펼쳐진 황금 들판 한가운데에 서 있었다. 빼곡하게 자라난 벼 사이를 스치며 누군가 천천히 다가왔다. 커다란 밀짚모자를 쓰고 손에는 낫을 든 할아버지였다. 아바타라고는 믿기지 않을 정도로 실감 나는 모습이었다. 농부를 실제로 본 적은 없지만 말이다. 할아버지는 가까이 다가와 말했다.

"어서 오렴. 여긴 2054년의 벼 농장이란다. 네가 벼를 주문했니?"

어…… 정확히 말하면 벼가 아니라 쌀, 아니 그것도 아니라 쌀밥, 아니 즉석 쌀밥이지만, 뭐……. 할아버지에게 일일이 다 이야기하긴 복잡했다.

"네, 그런데 사실은 즉석 밥이 필요해요. 당장 먹을 게 필요하거든요."

"즉석 밥이라……. 내가 즉석에서 해서 주면 되지 않겠니?"

즉석에서 밥을 해 주신다고? 하긴, 메타버스에서

의 시간은 현실 세계에서는 흐르지 않으니까 상관없다. 할아버지는 손에 들고 있던 낫으로 벼를 확 베어 움켜쥐더니 아무 말 없이 터벅터벅 앞장서 걷기 시작했다. 나는 뒤를 졸졸 따라가며 물었다.

"벼가 이렇게 잘 자라고 있는 걸 보니 벼농사는 기후 위기와 별 상관이 없나 봐요."

앞서가던 할아버지가 휙 돌아서더니 말했다.

"상관이 없다니! 여기는 실제로는 존재하지 않는 곳이란다. 메타버스에서만 남아 있는 곳이거든. 2054년에는 대형 논이 거의 사라지고 말았지."

"뭐라고요? 그럼 쌀을 못 먹는다는 거예요? 우리나라 사람들은 쌀이 주식인데 어떡해요."

나는 울상이 되어 물었다. 그러자 할아버지는 씁쓸한 표정을 지으며 대답했다.

"못 먹을 정도까진 아니지만 귀한 음식이 되었단다. 벼가 자라는 데는 너무 물 발자국이 많이 찍혀서 기후 위기에 적합하지 않은 작물이기 때문이지. 이제 지구 어디에도 물이 풍부한 곳은 없거든."

"물 발자국이요? 에이, 어떻게 물에 발자국이 생겨요. 아! 발을 물에 담갔다가 여기저기 돌아다니면 생길 수도 있겠다! 그런데 발에 물이 묻은 거랑 벼랑 무슨 상관이에요?"

"떼끼, 이 녀석아! 물 발자국은 그런 뜻이 아니야. '물 발자국'은 우리가 쓰는 제품이나, 먹을 것이나, 서비스 같은 모든 것을 만들고 키우는 과정에서 사용되는 물의 전체 합을 뜻한단다. 바로 보이는 물뿐만 아니라 운반하고, 먹고, 버리는 과정에 숨어 있는 물까지 다 포함한 개념이지. 논에 물을 가둬서 키우는 벼는 당연히 물 발자국이 아주 많은 작물이란다."

"맞아요. 모내기하는 사진을 본 적이 있는데, 논에 물이 엄청 많던데요? 벼의 물 발자국은 어느 정돈데요?"

"벼에서 수확하는 쌀 자체로만 보면 1kg당 1,670리터의 물 발자국이 생긴다는구나. 그런데 가공 쌀

의 경우는 1kg당 2,497리터로 물 발자국이 늘어나게 되지. 거기에 즉석 밥을 만들려면 밥을 짓고, 포장하고, 다 먹고 버리는 데도 물이 들어가니까 물 발자국이 더 많이 생기겠지. 되도록 가공 단계를 줄여 가는 게 물 발자국을 줄일 방법이란다."

아, 그래서 할아버지가 직접 밥을 지어 주겠다고 한 건가 보다. 끝도 없이 펼쳐져 있던 논의 끝자락에 할아버지의 집이 있었다. 할아버지가 먼저 들어가며 손짓했다.

"어서 들어와라. 맛있는 햅쌀밥을 지어 줄 테니."

낯선 할아버지의 집에 이렇게 덥석 들어가도 괜찮은 걸까? 잠깐 망설였지만, 생각해 보니 이곳은 메타버스 안이었다. 고민할 필요가 없었다.

할아버지는 쌀 포대에서 쌀을 한 컵 담아 그릇에

◎ **가공**: 공업 생산의 재료나 중간 제품 등을 인공적으로 처리해 새로운 제품을 만들거나 제품의 질을 높이는 것을 말해요.

옮기고는 그 위로 물을 받아 담았다. 물이 흘러나오자 안내 음성이 들렸다.

"현재 물 0.2리터가 사용되었습니다. 오늘의 남아 있는 물의 양은 2리터입니다. 물을 절약하시길 바랍니다."

남아 있는 양이라고? 써야 할 물의 양이 정해져 있다는 뜻일까? 까치발을 들어 할아버지가 쌀을 씻는 모습을 들여다보았다. 할아버지는 아주 적은 양의 물로 쌀을 씻고 있었다. 그리고 쌀 씻은 물도 아주 조심스럽게 다른 통에 담고 있었다. 나는 참지 못하고 참견했다.

"할아버지! 우리 엄마가 쌀 씻는 첫 물은 박박 씻어 헹궈야 맛있는 밥이 된다고 했어요. 물을 더 틀어서 씻어야 할 것 같아요."

할아버지는 나를 물끄러미 바라보더니 말했다.

"네가 있던 지구에서나 가능한 일이지. 이제 그렇게 물을 펑펑 쓰기는 어렵단다. 물 부족이 심해져서

물 부족 현상으로 사막화가 되어 버린 모습

이미 사막화된 곳이 많아졌거든."

사막화? 모래로 가득한 그 사막을 말하는 건가? 물이 얼마나 부족하면 사막이 되었단 말인가! 나는 깜짝 놀라 할아버지에게 물었다.

"우리나라에도 사막이 생겼어요? 낙타도 있나요?"

"아이고, 이 녀석아. 낙타들이 살기 좋은 곳이라고 이사라도 온단 말이더냐? 아직 우리나라는 낙타가 이사 올 정도로 사막이 되진 않았어. 원래 사막이 있던 곳 주변부터 사막화가 진행되거든."

"에이, 그러면 아직 심각하지는 않잖아요. 물도 마음껏 못 쓸 정도라고요?"

"모래가 가득하진 않지만, 우리나라도 예전보다 훨씬 건조한 나라가 되었단다. 식수로 쓸 수 있는 물의 양도 줄어들고 있지. 지구가 점점 뜨거워지면서 땅에서 수분이 마르고 폭염과 가뭄 현상이 심해졌거든. 사막화는 어느 한 지역만의 문제가 아니야. 2054년의 지구는 이미 전 세계 땅의 34% 정도에서 사막화가 진행되고 있단다."

사막화는 내 생각을 훨씬 뛰어넘고 있었다. 어쩌면 내가 어른이 되었을 때는 물이 넘실대는 아름다운 호수와 초록 나무가 가득한 숲 대신에 모래바람이 부는 뜨겁고 황량한 사막이 더 많아질지도 모르겠다. 그렇다면 나는 어떻게 해야 하는 걸까?

"사막화를 막으려면 어떻게 해야 하나요? 제가 돌아가서 최대한 노력해 볼게요."

"기특하구나. 너 같은 어린이들이 많다면, 사막으로 변하는 속도도 줄어들게 될 거야. 생활하면서 최대한 물 발자국을 줄이고, 지구가 뜨거워지는 행동들도 최대한 하지 않도록 해라."

"네, 알겠어요. 명심할게요."

할아버지는 다 씻은 쌀을 냄비에 넣고 처음 보는 밥 짓는 기계에 넣었다. 순식간에 치익치익 소리가 나더니 뚝딱 밥 한 냄비가 완성되었다. 할아버지는 냄비를 기계에서 꺼내 뚜껑을 열고 밥을 골고루 저었다. 김이 모락모락 나는 윤기 있는 쌀밥을 보자 군침이 돌았다. 갑자기 배가 너무 고팠다.

"할아버지, 저 가야 할 시간이 되었어요. 어서 밥 주세요."

"녀석, 왜 그렇게 보채는 게냐. 조금만 기다려라."

할아버지는 밥공기에 밥을 듬뿍 담았다. 밥 두 그릇을 양손으로 받아 드는 순간, 나는 CC스토어에 접속했던 내 방 침대로 돌아와 있었다.

거실로 나와 아빠에게 밥그릇을 내밀었다. 아빠는 황당하다는 눈빛으로 나를 바라보며 말했다.

"아니, 이게 왜 네 방에서 나오는 거냐? 밥그릇도 처음 보는 건데? 네 방에 밥을 숨겨 놨던 거야?"

"그, 그건 아니고요. 아이참, 아빠. 배고파요. 빨리 밥 먹어요."

"알겠다. 아빠 놀라게 하려고 작정한 거야? 뭐야?"

아빠는 계속 의심스러운 눈길을 보냈지만, 딱히 설명할 방법도 없다. 아빠와 식탁에 마주 앉아 김이 솔솔 올라오는 갓 지은 쌀밥을 바라보았다. 많은 물 발자국을 남기며 탄생한 쌀밥 한 그릇이 정말 감사하게 느껴졌다.

밥을 한 숟가락 퍼 올리는 순간, 스마트폰의 CC스토어 앱에 알림 창이 떴다.

지구를 위해 물 발자국을 최대한 적게 남기고 사막화를 막고 싶다면 다음 문제를 풀어 주세요.

CC스토어 퀴즈

Q. 벼는 1kg당 1,670리터의 물 발자국이 생깁니다. 보통 곡식의 물 발자국이 과일과 채소보다 훨씬 더 많이 찍힙니다. 그렇다면 1kg당 감자의 물 발자국은 몇 리터일까요?

① 287리터
② 1만 5,000리터
③ 15리터
④ 2,000리터

감자는 물 없이 척박한 환경에서도 잘 자라는 작물이야. 그렇다면 벼보다는 물 발자국이 적게 찍힐 거 같은데……. 그렇다고 15리터는 너무 적은 것 같으니까, 답은 1번이 아닐까? 1번 꾹!

정답입니다.
벼의 물 발자국은 감자의 물 발자국과 비교했을 때 6배 정도 많이 찍힙니다. 물 발자국과 사막화에 관한 더 자세한 이야기를 알고 싶다면 다른 방으로 이동하세요.

나는 일단 화면을 끄고 따끈한 밥 한 숟가락을 한 가득 퍼 올려 입에 넣었다. 신기하게도 쌀알마다 스며든 고맙고 소중한 물의 맛이 느껴졌다.

지식의 방

물 발자국이 뭐야? ▶

눈이 쌓인 곳을 걷다가 뒤를 돌아보면 지나온 자리에 흔적으로 남은 발자국이 보이지? 그것처럼 '물 발자국'이란 물이 쓰인 흔적을 의미해. 2002년 네덜란드의 아르옌 훅스트라 교수가 처음 생각해 낸 개념이야.

물 발자국은 어떤 제품을 생산할 때 사용한 물의 전체 양이야. 제품을 만들 때 사용한 물의 양은 물론이고, 구매한 후에 이용하고 버리고 폐기하는 모든 과정에 사용한 물의 총량이라는 게 포인트지. 물 발자국을 보면 우리가 먹고 쓰고 버리는 음식들과 제품들에 얼마나 많은 물이 쓰이는지 한눈에 알 수 있어.

물 발자국이라는 개념은 전 세계적으로 물 부족 현

제품별 물 발자국 (단위: 리터, 괄호 안은 제품 용량)

제품	물 발자국
커피	132 (120ml)
차	27 (250ml)
우유	255 (250ml)
계란	196 (60g)
닭고기	4,325 (1kg)
소고기	15,415 (1kg)
돼지고기	5,988 (1kg)
햄버거	2,400 (1개)
피자	1,259 (1판)
초콜릿	17,196 (1kg)

물 발자국 산정 출처: Water Footprint Network(WFT)

상이 나타나면서 생겨났어. 국가별로 실제로 소비되는 물의 양을 파악하고, 미래의 물 부족 현상에 대비하기 위해서야.

유럽 연합EU에서는 2020년부터 제품에 일종의 물 발자국을 부착하는 것을 시범 운영하고 있어. 우리나라에서는 2017년부터 물 발자국 인증 제도가 도입되었지.

사막화가 뭐야?

'사막화'는 말 그대로 땅이 점점 사막으로 변해 가는 현상을 말해. 사막화의 원인은 여러 가지가 있어. 기상 이변이나 오랜 가뭄 같은 자연적인 요인이 있고, 농업을 위해 물을 끌어다 쓰거나 나무를 베는 인

◎ **기상 이변**: 보통 지난 30년간의 기상과 아주 다른 기상 현상을 말해요.

간들의 활동에 의해서도 사막화가 일어나.

무엇보다 중요한 원인은 바로 환경 오염으로 인한 지구 열탕화 현상이야. 이산화탄소 배출이 많아지면 대기가 따뜻해지고, 따뜻해진 대기는 더욱 땅을 건조하게 해서 사막화가 일어나지.

사막화로 인해 나무가 많이 사라지면 숲이 이산화탄소를 저장하는 양이 줄어들고, 다시 대기 중의 이산화탄소 농도는 올라가게 돼. 이처럼 지구가 뜨거워지면 사막화의 악순환이 계속돼.

의문의 방

주변에 사막이 없어서 심각함을 못 느끼겠어. 세계의 사막화는 어느 정도 진행된 거야? ▶

대표적인 사막인 사하라 사막도 12만 5,000년 전에는 물이 많았고, 1만 년 전까지도 드넓은 초원이었을 거래. 자연의 법칙이든, 인간의 욕심 때문이든 사막은 계속 넓어지고 있어.

현재 100개국 이상에서 약 12억 명의 인구가 사막화의 영향을 받고 있어. 특히 아시아는 전체 면적의 36%가 사막화되었어. 아프리카도 32% 정도가 사막이라고 하니, 아시아의 사막화 정도는 생각보다 더 심각해. 아시아, 아프리카뿐만 아니라 스페인, 프랑스, 호주에서도 사막화는 심각하게 진행되고 있지.

물 발자국 말고 다른 발자국도 있어? ▶

있어! 생태 발자국과 탄소 발자국이란 게 있지.

생태 발자국은 발자국의 원조 격이라고 할 수 있어. 1996년 캐나다의 경제학자 마티스 웨커네이걸과 윌리엄 리스가 개발한 개념이야.

'생태 발자국'은 인간이 살아가며 하는 모든 행동이 생태계에 남긴 피해를 면적으로 표현한 수치야. 면적의 단위인 헥타르ʰᵃ로 나타내기도 하고, '모든 사람이 특정한 어떤 생활 방식으로 살았을 때, 이런 인류가 사는 데 필요한 지구의 개수'로 나타내기도 해. 지구를 해치는 사람이 많이 살면 지구가 많이 필요하겠지? 이 지수가 높을수록 생태계를 많이 훼손한 것이라고 할 수 있어.

우리나라 사람들을 생태 발자국으로 분석한 적이 있어. 전 세계 사람들이 한국인처럼 사는 생활 습관을 지닌다면 지구가 3개 이상 필요하대.

탄소 발자국은 뭐야?

'탄소 발자국'은 어떤 사람이나 제품, 또는 사건 등에서 발생한 온실가스의 총량을 의미해. 나의 탄소 발자국, 이 음식의 탄소 발자국, 이 행사의 탄소 발자국…… 이런 식으로 측정해 볼 수 있는 거지.

우리가 활동하며 사용하는 모든 물건, 음식, 교통

수단 등은 생산과 사용 과정에서 온실가스를 배출해. 그 온실가스의 흔적을 측정한 수치가 바로 탄소 발자국이야.

탄소 발자국은 발생하는 온실가스의 양을 이산화탄소량으로 환산해서 무게 단위로 나타내거나 그만큼의 이산화탄소량을 감소시키는 데 필요한 나무의 개수로 표시해.

구체적으로 말하면 g, kg 같은 무게 단위에 이산화탄소의 기호인 CO_2를 붙여 표시해. 예를 들어 어떤 제품이 찍어 낸 탄소 발자국이 $1kgCO_2$라면, 이 물건이 내 손에 들어오기까지 1kg의 이산화탄소에 해당하는 온실가스를 배출한다는 뜻이야.

사과 한 알은 80g, 3시간 동안의 스마트폰 사용은 57g, 비닐봉지 한 장은 10g 정도의 탄소 발자국이 발생해. 한 사람이 아침에 일어나 평범한 일상을 보낸 뒤 잠드는 순간까지 남기는 탄소 발자국은 무려 $33kgCO_2$라고 해.

소멸의 방

쌀밥이 사라진다고? ▶

　벼는 보통 20~29도에서 여무는데, 이보다 기온이 올라가면 벼가 잘 자라지 못해. 그래서 지구 열탕화는 벼의 성장에 치명적이지. 지구가 따뜻해지면 빙하가 녹아 해수면 상승도 일어나. 그러면 땅의 염도◉가 올라가기 때문에 벼도 잘 자랄 수 없어. 또 기후 위기로 인한 가뭄과 폭우가 자주 일어나면, 역시나 쌀 생산량

◎ **염도**: 소금기의 정도를 뜻해요.

이 줄어들지.

 국제미작연구소IRRI는 기온이 1도 상승할 때마다 쌀 생산량이 약 10% 감소할 것으로 전망했어. 이런 변화가 생기면서 우리나라도 쌀 생산량이 크게 줄어들 전망이야. 2100년에는 쌀 생산량이 지금보다 25% 감소할 것으로 예상된대.

 쌀 생산량이 줄어들면 결국 보관하는 양도 줄어들

게 되어서 수입 쌀을 먹을 수밖에 없어져. 쌀밥을 주식으로 하는 우리나라에서는 아주 큰 위기로 다가오게 될 거야.

부활의 방

쌀밥을 살려 줘!

기후 위기에 대응하는 벼를 재배하기 위해 다양한 노력이 이루어지고 있어. 고온에 강한 품종을 개발하는 것은 물론이고, 다년생(여러해살이) 벼를 개발하는 연구가 한창이야.

우리가 주식으로 삼는 벼는 일년생이라 심고 베어

먹으면 끝인데, 야생 벼 가운데 다년생인 벼가 있대. 이 야생 벼는 뿌리줄기가 있어서 겨울을 견디다가 봄이 오면 다시 자랄 수 있어.

결국 과학자들은 일년생 재배 벼와 다년생 야생 벼를 교배해 다년생 재배 벼를 탄생시켰어. 다년생 품종은 4년 동안 수확량을 유지해서 1년에 두 번씩 여덟 번 수확할 수 있지. 다년생 벼를 기르니까 벼농사에 들어가는 노동력 58%, 비용 49%가 줄어들었어. 무엇보다 좋은 점은 땅이 물을 머금는 능력이 늘어났다는 거야. 다년생 벼를 기르니까 물 발자국까지 줄어들게 된 거지.

다년생 벼 개발은 아직도 진행 중이야. 앞으로도 꾸준히 좋은 품종을 개발하면, 물 발자국은 줄이면서 더 맛 좋은 쌀들이 많이 생겨날 거야.

수상한 초코바의 정체는?

탄소 중립

"기상! 기상! 어서 일어나! 빨리 출발해야지."

잠결에 아빠의 외침이 들렸다. 오늘은 토요일인데……. 분명 어젯밤에 잠들 때 주말이라 늦잠을 자도 된다 생각했는데, 아빠는 왜 아직 해도 안 뜬 새벽부터 호들갑이실까. 나는 눈을 비비며 중얼거렸다.

"아빠, 어딜 가야 하는데요? 오늘은 주말이잖아요."

"아빠랑 한 약속 잊어버렸어? 아침 등산 가기로 했

잖아."

"아, 맞다!"

그제야 아빠와 했던 약속이 떠올랐다. 자리를 털고 일어나 거실로 나오니 엄마가 배낭을 안겨 주며 말했다.

"자, 이 안에 간식이랑 물 챙겼어. 중간중간 쉬어 가면서 안전하게 정상까지 갔다 오렴."

"네, 엄마!"

나는 씩씩하게 대답하고 아빠를 따라나섰다. 지난달에 얼떨결에 아빠를 따라 첫 등산을 했는데, 기분 좋은 경험이었다. 정상에서 바라본 풍경도 아름다웠고, 무엇보다 힘들 때마다 쉬어 가며 먹은 초코바 맛은 정말 최고였다. 거짓말 조금 보태서 초코바를 먹기 위해 등산을 하고 싶을 지경이었다.

등산로 입구에서 기념사진을 찍은 뒤에 본격적으로 산을 오르기 시작했다. 20분 정도 오르자, 쉬어 갈 수 있는 판판한 돌이 나타났다. 나는 다급하게 외쳤다.

"헉헉, 아빠! 우리 쉬었다 가요. 너무 힘들어요. 물도 좀 마시고 초코바도 먹을래요."

"아니, 겨우 이만큼 올라와 놓고 쉰다고? 쉬었다 가면 더 힘들어. 여기서는 물이나 한 모금 마시고 바로 다시 올라가자. 조금만 더 올라가면 잘 꾸며 놓은 쉼터가 있어."

쉬었다 가자고 한 번 더 조르고 싶었지만, 마른침을 삼키며 참았다. 왜냐고? 고난 끝에 찾아오는 기쁨이 더 클 것이라는 기대 때문이었다. 나에게는 초코바가 있다! 땀을 닦고 물을 벌컥벌컥 마신 다음, 초코바를 덥석 깨물어야지. 이런 상상을 하며 한 발씩 열심히 산을 올랐다. 드디어 아빠가 말했다.

"이제 여기서 쉬면서 잠깐 숨을 돌리자꾸나."

"좋아요!"

내가 기다리고 기다리던 시간이다. 나는 서둘러 바위에 앉아 배낭을 열었다. 먼저 시원한 물을 마시고 초코바를 꺼내려고 하는데…….

"어? 아빠, 초코바가 안 보이는데요?"

"그래? 엄마가 깜빡했나 보다. 다른 간식이 있지 않니?"

배낭을 뒤적여 봤지만 초코바는 보이지 않고, 오이와 당근 따위의 생채소만 잔뜩 있었다.

"너무해! 내가 왜 등산을 따라왔는데……. 초코바가 없는 등산은 팥이 빠진 붕어빵 같은 거라고요. 으앙!"

너무 억울해서 눈물이 다 날 지경이었다. 그때 배낭에 넣어 뒀던 스마트폰에서 알람이 울렸다. 꺼내 보니 팝업 창이 떠 있었다.

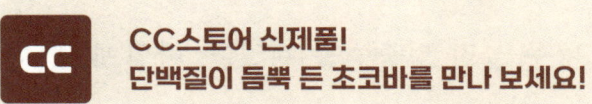

CC스토어 신제품!
단백질이 듬뿍 든 초코바를 만나 보세요!

CC스토어가 나를 지켜보고 있기라도 한 걸까? 지금 나에게 가장 필요한 것은 초코바라는 사실을 어떻게 알고 이런 알람이 왔지? 어쨌거나 이건 운명이다. 지금 당장 CC스토어에 들어갈 테야.

"아빠, 저 화장실 좀 다녀올게요."

쉼터에 화장실이 있는 것이 다행이었다. 잠시 아빠의 눈을 피해 화장실 칸에 들어가 CC스토어 앱을 실행했다. 신상 초코바는 첫 화면에서 어렵지 않게 찾을 수 있었다.

초코바 구입 버튼을 누르자마자 나는 순식간에 메타버스로 이동했다. 곧이어 내가 느낀 감각은 발바닥에 느껴지는 스멀스멀 간지러운 촉감이었다. 나는 발을 내려다보았다.

"으악!"

나는 너무 놀라 껑충껑충 뛰었다. 바닥에 셀 수 없이 많은 벌레가 기어다니고 있었기 때문이다. 초코바를 주문하려 했을 뿐인데, 이게 무슨 일이야! 어리둥

절하며 어쩔 줄을 모르고 있는데, 눈앞에 아바타가 나타났다.

아바타는 내 나이 또래의 어린이였다. 초콜릿으로 만든 옷을 입고 있어 달콤한 냄새가 풍겨 왔다. 충격적인 것은 머리에 커다란 곤충이 달린 모자를 쓰고 있었다는 거다. 아니, 도대체 왜? 나는 아바타에게 다가가 물었다.

"안녕? 나는 초코바를 사러 왔어. 초코바는 어디 있니?"

"응, 잘 찾아왔어. 여기는 초코바를 만드는 재료가 있는 곳이야. 저쪽으로 가면 초코바 공장으로 이어지지. 내가 안내해 줄게."

"초코바 재료라고? 말도 안 돼. 여긴 이렇게 벌레들만 가득한걸?"

"벌레라고 부르지 말아 줄래? 아주 소중한 식용 곤충이라고! 곤충이 바로 초코바 재료 중의 하나야. 30년 뒤 지구에서는 탄소 중립을 실천하기 좋은 곤충이 최고의 단백질 식품으로 사랑받고 있거든. 이번에 나온 초코바는 곤충 단백질이 듬뿍 들어간 건강식품이지."

"뭐? 곤충이 초코바에 들어간다고? 탄소 중립? 그게 뭐길래 곤충까지 초코바에 넣어야 해?"

"중립이란 건 중간이란 뜻이잖아. 더하지도 빼지도 않은 딱 중간을 숫자로 말하면 뭘까?"

"0! 제로! 맞지?"

"맞아. 탄소를 0으로 만든다는 뜻이야."

"그런데 곤충이 어떻게 탄소를 0으로 만든다는 거야?"

"곤충이 스스로 탄소를 0으로 만든다는 게 아니라 탄소를 많이 배출하는 다른 식품들보다 훨씬 더 탄소를 적게 만든다는 의미야. 탄소를 0으로 만들려면 탄소를 더 배출하는 것들을 줄이는 게 중요하거든."

공장이나 자동차에서 나오는 매연에서 탄소가 배출되고, 화석 연료를 태우면 탄소가 많이 나온다는 것은 알았지만, 식품에서도 탄소가 많이 나온다는 사실은 잘 몰랐었다. 나는 눈을 동그랗게 뜬 채 나를 바라보는 아바타에게 또 물었다.

"탄소를 많이 배출하는 다른 식품은 뭔데?"

"탄소를 어마어마하게 배출하는 대표적인 음식은 바로 소고기야. 2054년 지구에서는 탄소 배출을 줄이기 위해서 '고기 안 먹는 날'까지 정했어."

소고기라고? 전혀 뜻밖이었다. 소고기를 구울 때 연기가 많이 나서 그런가?

"소고기가 왜 탄소를 많이 배출하는데?"

"육류를 대량으로 생산하기 위해서는 아주 큰 땅이 필요해. 소들이 먹을 식량을 생산하는 땅도 필요하고, 소들이 자랄 땅도 필요하지. 1990년 이후에 사라진 열대 우림의 70% 이상이 고기를 생산하기 위해 망가졌단 이야기도 있어. 열대 우림은 탄소를 빨아들여서 빼는 역할을 하는데 그런 곳이 사라졌으니, 탄소는 더 빠르게 더해지겠지. 게다가 소가 풀을 소화하는 과정에서 방귀나 트림으로 배출하는 메탄도 문제야."

넓은 땅에서 풀어 놓고 기르는 소들

"방귀나 트림이 왜? 설마 그것도 탄소야?"

"맞아. 소가 내뿜는 가스인 메탄은 이산화탄소보다 23배 이상 강력한 온실가스야. 자동차에서 나오는 이산화탄소보다 86배나 더 뜨겁게 공기를 데우는 게 바로 메탄이지."

"에이, 아무리 해로워도 소들이 방귀를 뀌면 얼마나 뀐다고 그래? 너무 과장된 이야기 아니야?"

"놀라지 마. 2019년을 기준으로 했을 때 전 세계에서 약 15억 7,000마리의 소가 사육되고 있어. 그런데 이 소들은 한 해에 약 1억 500만 톤이 넘는 메탄을 내보낸대."

나도 모르게 입이 떡 벌어졌다. 소고기를 먹기 위해 그렇게나 많은 탄소가 나오고 있었다니 놀라웠다. 그런데 고기와 비교해서 벌레, 아니 곤충은 탄소를 훨씬 적게 만든다고 했다.

"곤충은? 곤충도 탄소를 만들어?"

"물론이지. 하지만 소고기와 비교하면 훨씬 적어. 소 1kg당 탄소 배출량은 59.6kg인데, 곤충 1kg당 탄소 배출량은 18g밖에 되지 않아."

곤충의 탄소 배출량이 적다는 것은 잘 알겠다. 하지만 그렇다고 곤충을 먹기에는 아직 용기가 나지 않는다. 아바타는 울상을 짓고 있는 나를 바라보더니 앞서 걸으며 말했다.

"자, 나를 따라와. 초콜릿 간드는 공장을 보여 줄게."

아바타 뒤를 쫄레쫄레 따라갔다. 곤충이 가득한 장소를 벗어나니, 이번에는 초콜릿이 폭포처럼 쏟아지고 있었다. 나도 모르게 탄성이 나왔다.

"와! 맛있겠다!"

"먹어 봐도 돼."

아바타가 나에게 숟가락을 내밀었다. 숟가락 가득 초콜릿을 듬뿍 퍼 올려 입안으로 넣었다.

"음, 초콜릿에 도대체 무슨 짓을 한 거야? 이거 진짜 맛있어!"

"거봐. 곤충이 들어가도 먹을 만하지?"

"헉, 여기에 아까 그 곤충이 들어 있단 말이야?"

"당연하지. 네가 주문한 건 곤충 초코바잖아. 그리고 이 초코바에는 또 다른 비밀이 있어. 바로 카카오를 사용하지 않았다는 거야."

"카카오라면 초콜릿의 원료잖아. 어떻게 카카오를 사용하지 않고 이런 맛이 나는 거야? 왜 카카오를 안 쓰는데?"

"안타깝게도 현재 지구에서는 카카오가 자라기 어렵게 되었어. 세계 최대의 카카오 생산지였던 가나와 코트디부아르가 너무 뜨거워져서 카카오 수확량이 확 줄어들었거든. 그래서 대신 인공 카카오를 쓰고 있지. 인공 감미료와 우유 대용품, 식물성 지방으로도 초콜릿 같은 맛을 낼 수 있거든."

"아무리 그래도 진짜 카카오로 만든 초콜릿이 더 맛있지 않을까?"

"당연하지. 하지만 카카오를 기를 곳이 줄어드니 어쩌겠어. 점점 더 서늘한 곳을 찾아 높은 지역에서 카카오 농사를 짓게 되었어. 그러면서 농장 규모도 줄어들고 생산량도 줄어들었지. 당연히 가격도 정말 비싸졌어. 이제 진짜 카카오로 만든 음식은 아주 고급 음식이 된 거야."

옛날에 처음 초콜릿이 전파되었을 때는 귀족들만 먹는 음식이었단 이야기를 들은 적이 있다. 다가올 미래에 먹을 초콜릿은 아주 오래전처럼 비싸고 귀하게 되어 버린 것이다. 기후 위기가 초콜릿에까지 영향을 줄지는 몰랐다. 진짜 카카오로 만든 초콜릿이 사라지지 않게 할 방법은 없을까? 나는 곰곰이 생각했다. 그리고 결심했다.

"그래! 나도 지구를 위해 곤충을 먹겠어. 곤충 초코바 두 개 주문할게."

"네, 한 개에 만 원씩 2만 원 결제하겠습니다."

아바타는 빙그레 웃으며 포장된 초코바를 내밀었다. 초코바를 덥석 받아 들자, 나는 CC스토어에 접속했던 등산 쉼터 화장실로 돌아왔다. 아빠에게 다가가 초코바를 내밀며 말했다.

"아빠! 배낭에서 초코바를 찾았어요! 곤충…… 아니, 단백질이 듬뿍 든 초코바예요."

"그래? 처음 보는 브랜드네? 아빠는 조금 있다 먹을게."

"안 돼요. 같이 먹어요. 혼자 먹기에는 아직 용기가 안 난단 말이에요."

"초코바를 먹는데 왜 용기까지 필요하니?"

"아니, 용기가 아니고 아무튼……. 혼자 먹긴 싫다고요."

아빠에게 둘러대느라 당황하고 있는데 스마트폰의 알람이 울렸다.

 탄소 중립을 실천하고 싶다면 다음 문제를 풀어 주세요.

CC스토어 퀴즈

Q. 우리나라 식품의약품안전처가 식품 원료로 인정한 식용 곤충은 10가지입니다. 다음 중 인정받은 식용 곤충이 아닌 것은 무엇일까요?

① 메뚜기　　　　② 번데기
③ 귀뚜라미　　　④ 나비

헉, 먹을 수 있는 곤충이 아닌 것을 고르라고? 일단 아까 메타버스에서 봤던 곤충은 메뚜기랑 비슷하게 생겼었어. 번데기는 우리 아빠가 좋아하는 음식 중 하나니까 먹을 수 있을 것 같고……. 날아다니는 나비를 먹기엔 좀 힘들 것 같네. 정답은 4번 나비!

정답입니다.
탄소 중립에 대해 더 궁금하다면 다음 방으로 이동해 주세요.

너무 궁금하지만, 일단 정상 정복부터!

나는 스마트폰을 배낭에 넣고 곤충 초코바를 한 입 깨물었다. 곤충인지 뭔지 알 게 뭐야. 이렇게 맛있는데!

지식의 방

탄소 중립이 뭐야? ▶

 '탄소 중립'이란 탄소를 내보낸 만큼 탄소를 흡수하는 대책을 세워서 결국 탄소를 하나도 배출하지 않는 것과 같게 0^{Zero}으로 만든다는 개념이야. 100개의 탄소를 내보냈을 때 100개의 탄소를 흡수한다면, 결국 탄소를 하나도 내보내지 않은 것과 같은 효과를 가져올 수 있으니까 말이지.
 탄소 중립이라는 말은 2006년 옥스퍼드 사전◎의 '올해의 단어'에 선정되면서 주목을 받았어. 10년 뒤인 2016년에 발효◎된 파리 협정에서는 우리나라를 비롯

한 121개 국가가 '2050 탄소 중립 목표 기후동맹'에 가입하면서 세계적인 목표가 되었지.

◎ **옥스퍼드 사전**: 영국 옥스퍼드 대학교 출판부에서 출간하는 사전이에요. 세계에서 가장 권위 있는 영어 사전으로 인정받고 있어요.
◎ **발효**: 조약, 법, 공문서 등의 효력이 나타나는 것을 말해요.

의문의 방

어떻게 해야 탄소 중립이 될 수 있지? 내가 할 수 있는 일도 있어? ▶

　탄소 중립을 이루는 방법은 여러 가지가 있어.
　일단 개인은 일상생활에서 탄소를 만드는 행동을 되도록 하지 않아야 해. 일회용품 사용을 줄이고, 에너지를 절약하고, 재활용품을 쓰고, 소비를 줄이고, 가까운 곳은 걸어 다니기 등 일상생활에서 탄소 배출을 줄일 수 있는 방법이 있지. 당장 오늘부터라도 이러한 방법 중 실천할 수 있는 것들을 하나씩 해 봐. 아! 고기를 덜 먹는 것도 탄소를 덜 만드는 아주 좋은 방법이야.

스페인에 있는 태양광 발전소

하지만 나 혼자 그런 방법을 쓴다고
탄소가 줄어들까?
나라에서도 노력해야 하는 거 아니야?

    혼자라고 생각하지 마. 개개인의 노력이 모이면 탄소 배출량을 줄이는 데 큰 도움이 돼.

물론 국가의 노력도 필요해. 탄소를 빨아들일 수 있는 숲을 만들고, 이산화탄소를 내보내지 않는 태양열, 풍력 에너지 등을 개발하면 탄소 중립에 더 가까이 갈 수 있지.

그런데 어쩔 수 없이 탄소를 배출해야 할 때도 있잖아. 그럴 땐 어떡하지?

탄소 배출을 조절하기 위해 이산화탄소를 내보낼 수 있는 권리인 '탄소 배출권'을 거래하고 있어. 탄소 배출권은 이산화탄소 배출량을 돈으로 값어치를 매겨서 시장에서 사고팔 수 있게 한 거야.

탄소 배출을 조금 한 기업은 남는 배출량을 다른 기업에 팔 수도 있어. 탄소 배출을 많이 한 기업이 탄소 배출권을 살 때 낸 돈은 숲을 만드는 데 쓰거나 탄소를 줄일 수 있는 여러 가지 방법에 사용되지.

세계 여러 나라에서 이산화탄소 배출량을 줄이기

위해 탄소 중립 운동이 활발히 이루어지고 있어. 기후 위기 대책의 기본은 탄소 중립을 바탕으로 세워지고 있지.

소멸의 방

초콜릿이 사라진다고? ▶

　초콜릿의 원료인 카카오는 적도 근처의 습한 열대 우림에서 잘 자라는 식물이야. 1년 내내 기온과 강우량, 습도가 일정하게 유지되어야 좋은 품질의 카카오가 생산되지. 이런 기후를 갖춘 서아프리카의 코트디부아르와 가나에서 전 세계 카카오의 절반 이상이 생산되고 있어.

　그런데 기후 변화로 인해 이 지역의 날씨가 더 뜨거워지고 건조해지고 있어. 연구에 따르면, 2050년에 카카오를 기를 수 있는 땅은 해발 300m가 넘는 높이의 산악 지대가 될 거래.

부활의 방

초콜릿을 살려 줘!

카카오나무의 유전자를 바꿔서 뜨거운 지구에서도 잘 자라게 하려는 연구가 계속되고 있어. 미국의 초콜릿 회사인 마스는 이 연구에 10억 달러(약 1조 620억 원)나 투자했어.

실험이 성공한다면, 더 높은 곳으로 올라가지 않아도 현재의 카카오 농장에서 시들거나 썩지 않는 카카오 식물을 개발할 수 있게 된대. 맛있는 초콜릿이 사라지지 않기 위해서 실험이 꼭 성공하면 좋겠어.

초콜릿의 원료인 카카오

곤충이 탄소 중립을 실천한다고? ▶

　식용 곤충은 대부분의 다른 동물과 비교했을 때 훨씬 크기가 작아. 그래서 먹이와 물을 조금만 먹고, 기르는 데 돈이 많이 들지 않지. 아주 경제적인 식품이라고 할 수 있어. 게다가 번식력도 어마어마해서 멸종

할 가능성이 적지. 얼마든지 충분히 생산할 수 있다는 뜻이야.

놀랍게도 지구에는 사람 한 명당 먹을 수 있는 곤충의 양이 50톤이나 있대. 인간이 곤충을 더 많이 먹는다면 식량이 없어서 걱정할 필요가 없겠지?

식용 곤충은 이미 전 세계에서 식품으로 인정받고 있어. 유엔 식량농업기구 FAO는 2013년부터 식용 곤충을 '작은 가축'이라고 부르면서 미래의 중요한 식량 자원으로 여기고 있어. 이미 세계 곳곳에서 약 20억 명의 사람이 식사의 일부로 곤충을 먹고 있대. 우리도 머지않아 곤충을 아무렇지 않게 먹을 날이 다가올지도 몰라.

이미지 출처

11 빙하가 녹으면서 살기 어려워진 북극곰
ⓒ 2007. Alan D. Wilson all rights reserved.
https://commons.wikimedia.org/wiki/File:Polar_Bear_ANWR_1.jpg

30 폭설이 내려 제설차가 눈을 치우는 모습
ⓒ 2020. Federico Arnaboldi all rights reserved.
https://www.pexels.com/ko-kr/photo/6093037/

37 적도 부근의 열대 기후 지역을 표시한 지도
ⓒ 2007. LordToran all rights reserved.
https://commons.wikimedia.org/wiki/File:Klimag%C3%BCrtel-der-erde-tropen.png

41 지구 온난화로 인해 녹고 있는 북극 얼음
ⓒ 2015. Christopher Michel all rights reserved.
https://commons.wikimedia.org/wiki/File:NORTH_POLE_Ice_(19626661335).jpg

49 충청남도 논산에서 재배하고 있는 딸기
ⓒ 2020. 채지형 all rights reserved.
https://gongu.copyright.or.kr/gongu/wrt/wrt/view.do?wrtSn=13280158&menuNo=200018

59 멸종 위기에 처한 수리부엉이
ⓒ 2004. Softeis all rights reserved.
https://commons.wikimedia.org/wiki/File:Uhu-muc.jpg

73 많은 동식물의 서식지였던 정글이 불타 버린 모습
ⓒ 2005. Jami Dwyer all rights reserved.
https://commons.wikimedia.org/wiki/File:Lacanja_burn.JPG

80 김치의 중요한 재료인 배추와 고추
ⓒ 2019. 정훈정 all rights reserved.

https://pixabay.com/ko/photos/%EA%B9%80%EC%B9%98-kimchi-%ED%95%9C%EA%B5%AD%EC%9D%8C%EC%8B%9D-4361465/

93 2015년 파리 협정이 성사된 모습
ⓒ 2015. U.S. Department of State all rights reserved.
https://commons.wikimedia.org/wiki/File:French_Foreign_Minister_UN_Secretary-General_Ban,_and_French_President_Hollande_Raise_Their_Hands_After_Representatives_of_196_Countries_Approved_a_Sweeping_Environmental_Agreement_at_COP21_in_Paris_(23076185424).jpg

100 사하 공화국의 베르호얀스크
ⓒ 2009. Becker0804 all rights reserved.
https://ko.wikipedia.org/wiki/%EB%B2%A0%EB%A5%B4%ED%98%B8%EC%96%80%EC%8A%A4%ED%81%AC#/media/%ED%8C%8C%EC%9D%BC:Werchojansk_K%C3%A4ltepoldenkmal_II.JPG

106 방글라데시의 한 마을과 들판이 홍수로 인해 물에 잠긴 모습
ⓒ 1991. Staff Sergeant Val Gempis all rights reserved.
https://commons.wikimedia.org/wiki/File:Flooding_after_1991_cyclone.jpg

109 감자의 원산지인 남아메리카 안데스산맥
ⓒ 2016. Andrew Shiva all rights reserved.
https://en.wikipedia.org/wiki/Andes#/media/File:ARG-2016-Aerial-Tierra_del_Fuego_(Ushuaia)%E2%80%93Valle_Carbajal_01.jpg

122 해양 산성화 연구를 위해 데이터를 수집하는 모습
ⓒ 2007. NOAA all rights reserved.
https://en.wikipedia.org/wiki/Ocean_acidification#/media/File:Oa-sami.jpg

133 엄청난 양의 탄소를 배출하는 공장
ⓒ 2020. Andreas Felske all rights reserved.
https://unsplash.com/ko/%EC%82%AC%EC%A7%84/oQEdDIMEIlc

136 빠른 속도로 산성화가 진행되고 있는 지중해
ⓒ 2007. NASA all rights reserved.
https://commons.wikimedia.org/wiki/File:Mediterranean_

	Sea_16.61811E_38.99124N.jpg
156	물 부족 현상으로 사막화가 되어 버린 모습 ⓒ 2008. Ferdinand Reus all rights reserved. https://commons.wikimedia.org/wiki/File:Village_Telly_in_Mali.jpg
185	넓은 땅에서 풀어 놓고 기르는 소들 ⓒ 2013. Famartin all rights reserved. https://en.wikipedia.org/wiki/Ranch#/media/File:2013-06-28_15_48_26_Cattle_along_Deeth-Charleston_Road_(Elko_County_Route_747)_at_the_Bruneau_River,_about_38.6_miles_north_of_Deeth_in_Elko_County,_Nevada.jpg
195	스페인에 있는 태양광 발전소 ⓒ 2021. kallerna all rights reserved. https://commons.wikimedia.org/wiki/File:Andasol_Guadix_4.jpg
200	초콜릿의 원료인 카카오 ⓒ 2010. Luisovalles all rights reserved. https://commons.wikimedia.org/wiki/File:Matadecacao.jpg

S.O.S. 바다를 살려 주세요!
7가지 주제로 쉽게 이해하는 바다 환경 오염 이야기

우리가 알던 푸른빛 바다에서 이상한 일들이 벌어지고 있어!

기름 | 쓰레기 | 선크림 | 낡은 어구
폐수 | 기후 변화 | 해저 개발

바다가 걱정돼 | 조미형 글 | 김수연 그림

기후 위기 CC스토어
ⓒ 이재은, 2024

초판 1쇄 인쇄일 | 2024년 5월 22일
초판 1쇄 발행일 | 2024년 6월 5일

지은이 | 이재은
그린이 | 진성훈
펴낸이 | 사태희
편　집 | 최민혜 안주영
디자인 | 홍성권
마케팅 | 장민영
제　작 | 이승욱 이대성

펴낸곳 특서주니어
출판등록 제2021-000322호
주소 08505 서울특별시 금천구 가산디지털2로 101 한라원앤원타워 B동 1503호
전화 02-3273-7878
팩스 0505-832-0042
e-mail specialbooks@naver.com

ISBN | 979-11-6703-120-4 (73400)

특서주니어는 (주)특별한서재의 아동 브랜드입니다.
잘못된 책은 교환해 드립니다. 저자와의 협의하에 인지는 붙이지 않습니다.
저작권법에 의하여 보호를 받는 저작물이므로 무단 전재와 복제를 금합니다.